Sommerakademien
in der kulturellen Bildung

Reviewed Research. Auf den Punkt gebracht.

Springer VS Results richtet sich an AutorInnen, die ihre fachliche Expertise in konzentrierter Form präsentieren möchten. Externe Begutachtungsverfahren sichern die Qualität. Die kompakte Darstellung auf maximal 120 Seiten bringt ausgezeichnete Forschungsergebnisse „auf den Punkt".

Springer VS Results ist als Teilprogramm des Bereichs Springer VS Research besonders auch für die digitale Nutzung von Wissen konzipiert. Zielgruppe sind (Nachwuchs-)WissenschaftlerInnen, Fach- und Führungskräfte.

Christina Salland

Sommerakademien in der kulturellen Bildung

Potenziale und Herausforderungen aus Sicht der Kursleitenden

Christina Salland
Philipps-Universität Marburg
Deutschland

ISBN 978-3-658-11079-6   ISBN 978-3-658-11080-2 (eBook)
DOI 10.1007/978-3-658-11080-2

Die Deutsche Nationalbibliothek verzeichnet diese Publikation in der Deutschen Nationalbibliografie; detaillierte bibliografische Daten sind im Internet über http://dnb.d-nb.de abrufbar.

Springer VS
© Springer Fachmedien Wiesbaden 2016
Das Werk einschließlich aller seiner Teile ist urheberrechtlich geschützt. Jede Verwertung, die nicht ausdrücklich vom Urheberrechtsgesetz zugelassen ist, bedarf der vorherigen Zustimmung des Verlags. Das gilt insbesondere für Vervielfältigungen, Bearbeitungen, Übersetzungen, Mikroverfilmungen und die Einspeicherung und Verarbeitung in elektronischen Systemen.
Die Wiedergabe von Gebrauchsnamen, Handelsnamen, Warenbezeichnungen usw. in diesem Werk berechtigt auch ohne besondere Kennzeichnung nicht zu der Annahme, dass solche Namen im Sinne der Warenzeichen- und Markenschutz-Gesetzgebung als frei zu betrachten wären und daher von jedermann benutzt werden dürften.
Der Verlag, die Autoren und die Herausgeber gehen davon aus, dass die Angaben und Informationen in diesem Werk zum Zeitpunkt der Veröffentlichung vollständig und korrekt sind. Weder der Verlag noch die Autoren oder die Herausgeber übernehmen, ausdrücklich oder implizit, Gewähr für den Inhalt des Werkes, etwaige Fehler oder Äußerungen.

Gedruckt auf säurefreiem und chlorfrei gebleichtem Papier

Springer Fachmedien Wiesbaden ist Teil der Fachverlagsgruppe Springer Science+Business Media
(www.springer.com)

Inhaltsverzeichnis

1	Einleitung	9
2	Gegenstand und Kontexte der Kulturellen Bildung	13
2.1	Begriffliche und theoretische Grundlagen	13
2.1.1	Begriffsklärung	13
2.1.2	Historische Konzepte und Entwicklungsgeschichte	14
2.1.3	Aktueller bildungspolitischer Diskurs	17
2.2	Strukturelle Rahmung Kultureller Bildung	19
2.2.1	Förderung der Kulturbereiche durch Bund, Länder und Gemeinden	19
2.2.2	Anbieter- und Teilnahmestruktur in der Kulturellen Bildung	20
2.2.3	Veranstaltungsformen in der Kulturellen Bildung	22
2.3	Profession und professionelles Handeln in der Kulturellen Bildung	25
2.3.1	Berufsfeld Kulturvermittlung	25
2.3.2	Künstler/innen als Kursleitende	29
3	Sommerakademien als Veranstaltungsform in der Kulturellen Bildung	31
3.1	Anfänge der Sommerakademien	31
3.2	Sommerakademien heute	32
3.2.1	Marburger Sommerakademie	35
3.2.2	Bildende und Darstellende Künste als Themenfelder der Kulturvermittlung	36
4	Zwischenfazit und ausgemachte Literatur- und Forschungsdesiderata	41
5	Forschungsprozess und -methodik	43
5.1	Leitende Forschungsfrage und Forschungsausrichtung	43
5.2	Die Datenerhebung	45
5.2.1	Das leitfadengestützte Expert/innen-Interview	45
5.2.2	Konstruktion des Interviewleitfadens	47
5.2.3	Bildung des Samples und Feldzugang	48
5.2.4	Darstellung des erhobenen Materials und Interviewablaufs	49

5.3 Auswertung des Datenmaterials 50
    5.3.1 Aufbereitung der Daten durch Transkription und Anonymisierung 50
    5.3.2 Die inhaltlich strukturierende qualitative Inhaltsanalyse 51

6 Ergebnisse der Auswertung 55
6.1 Rahmenbedingungen von Kultureller Bildung als Spannungsfelder von Sommerakademien 56
6.2 Charakteristika der Veranstaltungsform Sommerakademie 63
6.3 Selbstverständnis als professionelle/r Kunstvermittler/in 73
6.4 Aufgaben und Ziele der Lehre 79
6.5 Entwicklungsperspektiven von Künstler/innen in Sommerakademien 83
6.6 Beantwortung der Forschungsfrage in empirischer Hinsicht 87

7 Fazit und Ausblick 91

8 Literatur 95

9 Anhang 99
9.1 Leitfaden für die Expert/innen-Interviews 99
9.2 Finales Kategoriensystem 101
9.3 Diagramme zur Verteilung der Codehäufigkeiten nach Subkategorien 102

"Entfremdet und entwürdigt ist nicht nur der, der kein Brot hat, sondern auch der, der keinen Anteil an den großen Gütern der Menschheit hat."

(zugeschrieben Rosa Luxemburg, 1871-1919)

Danksagung

An dieser Stelle möchte ich folgenden Personen danken, die zum Gelingen dieser Arbeit beigetragen haben: In fachlicher Hinsicht Prof. Dr. Wolfgang Seitter für die Betreuung der Arbeit und Unterstützung bei der Publikation; Karin Hardebusch, Ramin Siegmund sowie Friedrich von Petersdorff für die Möglichkeit des Austausches während des Forschungsprozesses sowie bei der Unterstützung der Korrektur der Arbeit sowie Ilonca Merte für die professionelle Fertigstellung des Manuskripts. Darüber hinaus geht ein besonderer Dank auch an die Marburger Sommerakademie für Darstellende und Bildende Kunst und insbesondere der dort tätigen Lehrenden für die Bereitschaft und Offenheit, an dem Forschungsprojekt teilzunehmen. Für die emotionale Begleitung bei der Erstellung der Arbeit und natürlich während des Studiums danke ich insbesondere meiner Familie sowie Christoph Möller.

1 Einleitung

„Es ist schön zu sehen, wie Kultur zuweilen ‚wie auf Flügeln' daherkommt" erklärt die Beauftragte der Bundesregierung für Kultur und Medien Monika Grütters am 17. Juni 2014 bei der sechsten Verleihung des BKM-Preises „Kulturelle Bildung", bei der zehn Projekte mit dem Ziel kulturelle Teilhabe auf breiter Ebene zu ermöglichen ausgezeichnet wurden (vgl. Presse- und Informationsamt der Bundesregierung 2014). Über diese Preisverleihung und andere bildungspolitische Förderprojekte soll der Stellenwert, den die Bundesregierung Kultureller Bildung[1] zuspricht, zum Ausdruck gebracht werden. Diese wird gegenwärtig als wichtiger Bestandteil einer umfassenden (Identitäts-) Bildung und Voraussetzung zur kulturellen Partizipation diskutiert. Kulturelle Bildung steht demnach vor der Aufgabe, eine Auseinandersetzung des Menschen mit seiner Umwelt und den durch diese hervorgebrachten ästhetisch-kulturellen Objekten anzuregen und den Menschen so in seiner Persönlichkeitsentwicklung zu unterstützen (vgl. Stang 2010: 176f.). Neben der Rezeption und Reflektion künstlerischer Erzeugnisse spielen dabei auch das Erlernen künstlerisch-technischer Fertigkeiten sowie das eigene schöpferische Gestalten eine wichtige Rolle, damit sich der Mensch als Teil des kulturellen Geschehens wahrnehmen kann (vgl. Fuchs; Schulz; Zimmermann 2005: 370 sowie Braun; Schorn 2012: 132). Eine wichtige Bezugsdisziplin der Kulturellen Bildung ist neben den verschiedenen Kulturbereichen wie der Bildenden Kunst, Theater und Musik also auch die Pädagogik, die als bewusster und geplanter Vorgang die im kulturellen Kontext stattfindenden (Selbst-) Bildungsprozesse anregen, rahmen, fordern und fördern kann. In diesem Zusammenhang kommt insbesondere den Kursleitenden[2] die Aufgabe zu, solche (kulturellen) Bildungsprozesse zu initiieren und zu begleiten, wobei die Wahrnehmung und der Umgang mit der Vielfalt der individuellen Erfahrungen, Bedürfnisse und Vorstellungen sowie künstlerischen Aus-

---

1   Zacharias 2008 weist darauf hin, dass die Großschreibung des Begriffskonglomerats dann erfolgt, wenn kultur- und bildungspolitisch das Feld, der organisatorisch-institutionelle Rahmen gemeint ist (vgl. Zacharias 2008: 1). Darauf Bezug nehmend wird im Folgenden die Großschreibung genutzt, jedoch soll auch der subjektive Prozess als weitere Begriffsdimension mitgedacht werden.
2   Um eine bessere Lesbarkeit zu ermöglichen, wird in der vorliegenden Untersuchung bei personenbezogenen Bezeichnungen möglichst eine geschlechtsneutrale Form gewählt. Jene Stellen, an denen aus dem genannten Grund nur die maskuline Form vorzufinden ist, sind als beide Geschlechter einbeziehend zu verstehen.

drucksmöglichkeiten der Teilnehmenden im Fokus stehen sollte (vgl. Stang 2010: 176).

Kulturelle Bildung kann dabei in verschiedenen Settings oder Veranstaltungsformen stattfinden. Neben Einrichtungen der Erwachsenenbildung/Weiterbildung wie Volkshochschulen, stellen zunehmend auch Kultureinrichtungen wie Museen und Theater Räume und Möglichkeiten für kulturelle Bildungsprozesse zur Verfügung und kommen damit nicht nur der primären Verpflichtung des Sammelns und Ausstellens bzw. Präsentierens nach, sondern auch der Vermittlung des kulturellen Geschehens (vgl. Pfeiffer-Poensgen 2009: 27). Neben diesen klassischen Bildungsanbietern erweitern auch weniger institutionalisierte Veranstaltungsformen das Angebot der Kulturellen Bildung. Die Sommerakademie oder Summer School zeigt sich dabei als eine beliebte und in ihrer Anzahl der einzelnen Angebote schnell wachsende Veranstaltungsform, die in der angebotsarmen Zeit des Sommers eine besondere Möglichkeit der Weiterbildung darstellt. In einem zeitlichen Rahmen von einigen Tagen bis mehreren Wochen findet eine intensive Auseinandersetzung mit einem bestimmten Thema, Materialien oder Techniken statt. Sie kann dabei sowohl der privaten als auch beruflichen (im Fall teilnehmender professioneller Künstler/innen) Weiterbildung dienen, wobei das Ziel nicht der Abschluss einer zertifizierten Ausbildung ist, sondern die persönliche Entwicklung der Teilnehmenden im Mittelpunkt steht. Auch hier nehmen die Kursleitenden, die in vielen Fällen einen künstlerischen Ausbildungs- und Berufshintergrund haben, eine wichtige Rolle bei der Initiierung und Begleitung der Lernprozesse ein.

Vor dem Hintergrund dieser Überlegungen wurde folgende forschungsleitende Fragestellung abgeleitet: Welche Potenziale und Herausforderungen bietet die Veranstaltungsform Sommerakademie im Kontext der Kulturellen Bildung für die Kursleiter/innen, um der Rolle des Initiators und Begleiters kultureller Bildungsprozesse gerecht zu werden?

Um dieser Frage nachgehen zu können, soll die vorliegende, empirisch angelegte Arbeit einen explorativen Beitrag zur Annäherung an diese Thematik leisten. Dafür erfolgt zunächst eine theoretische Einbettung derselben, indem in einem ersten Schritt die theoretischen und begrifflichen Grundlagen von Kultureller Bildung aufgeschlüsselt werden (Kap. 2.1). Nach einer ersten inhaltlichen Klärung des Begriffskonglomerats „Kulturelle Bildung", werden prägende historische Konzepte und die Entwicklungsgeschichte der Kulturellen Bildung betrachtet, bevor ein Blick auf den aktuellen bildungspolitischen Diskurs geworfen wird. Im Anschluss wird die strukturelle Rahmung von Kultureller Bildung fokussiert (Kap. 2.2), wobei zuerst die Ausmaße der Fördermaßnahmen der Kulturbereiche auf Bund-, Länder- und Kommunalebene dargestellt, die Anbieter- und Teilnahmestruktur in der Kulturellen Bildung aufgezeigt und zuletzt die

Breite der Veranstaltungsformen aufgefächert wird. Im Anschluss daran werden der Professionsbegriff und das professionelle Handeln im Kontext der Kulturellen Bildung diskutiert, indem eine Verengung auf das Berufsfeld der Kulturvermittlung erfolgt (Kap. 2.3.1). Das Kapitel endet mit einem expliziten Blick auf die Berufsgruppe der Künstler/innen, die als Kursleitende in der Kunstvermittlung tätig werden und mit vielfältigen Anforderungen konfrontiert sind (Kap. 2.3.2). Das dritte Kapitel befasst sich anschließend mit der institutionellen Verortung der Thematik, indem nun konkret Sommerakademien als Veranstaltungsform der Kulturellen Bildung beschrieben werden. Dafür werden die historischen Ursprünge und die aktuellen Entwicklungen der Veranstaltungsform nachgezeichnet und speziell die Marburger Sommerakademie, die in der vorliegenden Arbeit auch als Fallbeispiel auftritt, vorgestellt. In diesem Zuge werden auch die für die Marburger Sommerakademie charakteristischen Bereiche der Bildenden und Darstellenden Kunst näher erläutert, da diese für die späteren Befragten wichtige Bezugspunkte in ihren Ausführungen darstellten (Kap. 3.2.1). Ein Zwischenfazit und ausgemachte Literatur- und Forschungsdesiderata (Kap. 4) leiten in das eigentliche Forschungsprojekt über. Zu Beginn der Vorstellung desselben werden die leitende Forschungsfrage und die Begründung für ein qualitativ angelegtes Vorgehen dargelegt (Kap. 5.1), bevor das konkrete Vorgehen in der Datenerhebung (Kap. 5.2) und der Datenauswertung (Kap. 5.3) erläutert werden. Dabei stehen das leitfadengestützte Expert/innen-Interview und die inhaltlich strukturierende qualitative Inhaltsanalyse im Mittelpunkt. Ein Großteil der Arbeit wird durch die Vorstellung der Forschungsergebnisse bestimmt (Kap. 6). Dabei rücken die Rahmenbedingungen von Kultureller Bildung als Spannungsfelder der Sommerakademie, die Charakteristika der Veranstaltungsform, das Selbstverständnis der Befragten als professionelle Kunstvermittler/innen und ihr Aufgabenverständnis sowie ausgemachte Perspektiven für Künstler/innen in Sommerakademien ins Blickfeld. Abschließend wird in diesem Kapitel auch die Forschungsfrage in empirischer Hinsicht beantwortet (Kap. 6.6). Den Schlussstein der Arbeit bilden ein Fazit und ein Ausblick, in welchem eine kurze Rückbindung der empirischen Ergebnisse an den Fachdiskurs erfolgt, die Wahl der Methode zur Beantwortung der Forschungsfrage reflektiert und daraus weitere Forschungsfragen abgeleitet werden (Kap. 7).

Ziel dieser Arbeit ist es also, eine Annäherung an das Thema „Sommerakademien als besondere Veranstaltungsform der Kulturellen Bildung" zu schaffen, indem die Wahrnehmungen bezüglich der Potenziale und Herausforderungen dieser Veranstaltungsform – insbesondere für das Handeln der Kursleitenden – aus Sicht der professionellen Schnittstellenakteure rekonstruiert werden.

2 Gegenstand und Kontexte der Kulturellen Bildung

2.1 Begriffliche und theoretische Grundlagen

2.1.1 Begriffsklärung

Bildung und Kultur stellen in der deutschen Sprache zwei höchst komplexe Begriffe mit zahlreichen Bedeutungszuschreibungen dar, die in der begrifflichen Zusammensetzung „Kulturelle Bildung" nicht weniger vielfältig und interpretationsbedürftig bleiben. Kulturelle Bildung fungiert daher vielmehr als ein Sammelbegriff für verschiedene Prozesse und Aktivitäten in unterschiedlichen Kunstsparten wie den klassischen Kunstgattungen Musik, Theater, Bildende Kunst und Literatur, aber auch Comics, Filme oder Performances als moderne künstlerische Ausdrucksformen werden inzwischen dazu gezählt. Dies verweist auf die Offenheit des Begriffes gegenüber aufkommenden neuen Formen und Ausgestaltungen der bisherigen Bereiche (vgl. Fuchs 2007: 10). So kann der Begriff der Kulturellen Bildung sowohl als Oberkategorie für verschiedene pädagogische Praxen oder spezifisch künstlerische Arbeitsformen dienen, als auch als ein Grundbegriff diverser bildungstheoretischer Diskurse verstanden werden, in denen es um Fragen der Persönlichkeits- und Identitätsentwicklung, um Transfereffekte und gesellschaftliche Anknüpfungspunkte geht (vgl. Stang 2010: 176).

Um trotz der großen Begriffsvielfalt und deren Ausdeutungen einen Zugang zu dem Begriff Kulturelle Bildung zu erhalten, soll im Folgenden eine anthropologisch begründete Annäherung erfolgen. Dies liegt schon deshalb nahe, weil es bei der Kulturellen Bildung nach Definition von Stang um das Subjekt selbst und seine Identitätsbildung im Kontext der Auseinandersetzung mit seiner Umwelt und den durch diese hervorgebrachten ästhetisch-kulturellen Objekten geht (vgl. Stang 2010: 176f.). So kann der Mensch als „kulturell verfasstes Wesen" (Fuchs 2007: 10) verstanden werden, das durch die Fähigkeit gekennzeichnet ist, sich selbst zum Gegenstand seiner Reflektionen zu machen. Hier liegt bereits ein wesentliches Element des Bildungsbegriffs zu Grunde: Bildung als eigenaktiver und eigenbestimmter Selbstbildungsprozess meint, um auf das Humboldtsche Bildungsideal zu rekurrieren, die Kräftebildung, Selbstentfaltung, Persönlichkeits- und Identitätsentwicklung durch Weltaneignung.

Diese Selbstbildung ist jedoch nicht als ein in Isolation ablaufender Prozess zu verstehen, vielmehr zeigt sich die Abhängigkeit des Menschen von sozialer Einbettung und Kollektivität. Menschliche Beziehungen organisieren und steuern die Gesellschaft und ihre Entwicklung, mit der das Subjekt in ständiger Auseinandersetzung steht (vgl. Liebau 2012: 32). Als Mittel der Weltaneignung schuf sich der Mensch schließlich verschiedene Zugänge, z.B. Sprache, Religion, Technik, Wissenschaft oder auch Kunst, die in ihrer Summe mit dem Begriff „Kultur" zusammengefasst werden können. Die Welt des Menschen ist damit eine durch diesen konstruierte und durch diesen wieder erfassbare Welt (vgl. Fuchs 2007: 10). Mit dem Begriffskonglomerat „Kulturelle Bildung" werden darüber hinaus auch Prinzipien wie Teilhabe und Partizipation verbunden. Kulturelle Bildung hat somit die kulturelle Anschlussfähigkeit jedes einzelnen Gesellschaftsmitgliedes zum Ziel und dessen Befähigung zur Weiterentwicklung kulturellen Wissens, Fertig- und Fähigkeiten (vgl. Dietrich; Krinninger; Schubert 2012: 122). So wird die Ermöglichung von Kultureller Bildung als konstitutiver Teil der allgemeinen Bildung auch in der *allgemeinen Erklärung der Menschenrechte* gefordert, Art. 27 (1):

> „Jeder hat das Recht, am kulturellen Leben der Gemeinschaft frei teilzunehmen, sich an den Künsten zu erfreuen und am wissenschaftlichen Fortschritt und dessen Errungenschaften teilzuhaben."

Das Konzept Kultureller Bildung weist also auch aktuell noch immer starke Bezüge zu einem traditionell humanistisch ausgelegten Bildungskonzept auf. Fuchs betont in diesem Kontext sogar, dass die neuhumanistischen Lehren Schillers zur ästhetischen Erziehung als „kulturelle Bildung im heutigen Sinne" (Fuchs 2009: 16) betrachtet werden können. Im Folgenden soll deshalb ein Überblick über wichtige wegweisende historische Konzepte wie dem Schillerschen und der Entwicklungsgeschichte der Kulturellen Bildung gegeben werden, bevor der gegenwärtige Diskurs beleuchtet wird.

2.1.2 *Historische Konzepte und Entwicklungsgeschichte*

Erste Ideen, die sich in die Entwicklungsgeschichte der Kulturellen Bildung einordnen lassen, finden sich bereits in der Griechischen und Römischen Antike. Mit dem griechischen Begriff *Aisthesis*, was so viel wie sinnliche Wahrnehmung bedeutet, verknüpfen vor allem Platon und Aristoteles Konzepte von Schönheit und Ethik miteinander: Ästhetische Bildung sei Teil einer tugendhaften Vervollkommnung der Persönlichkeit. Auch der Römer Cicero verstand mit seinem Konzept des *decorum* einen schönen Körper als Ausdruck einer guten, moralisch vollkommenen Seele. Der Begriff ‚ÄsthEthik' beschreibt in seinen Ursprüngen also die Lehre wahrnehmbarer Schönheit im Kontext moralisierender Ansprüche (vgl. Klepacki; Zirfas 2012: 69 ff.). Während dann im Mittelalter ein theologischer Argumentationskontext zu Grunde lag, der den Weg der Erkenntnis über das Erfassen göttlicher Schönheit begründete, fand in der Frühen Neuzeit eine Erneuerung des antiken Gedankenguts statt, indem mit den humanistischen Leitideen der Mensch als selbstbestimmtes Individuum in den Mittelpunkt gerückt wurde. Obgleich Gott immer noch als Schöpfer der Welt und damit als erster Künstler galt, ist eine zunehmende Loslösung des ästhetischen vom religiösen Diskurs zu verzeichnen. In dem Leitbild des *uomo universale*, des umfassend literarisch, künstlerisch und philosophisch gebildeten Mannes, zeigen sich erste Ausformungen einer Idee von Kultureller Bildung. Mit der Aufklärung und ihren wichtigsten Vertretern wie Immanuel Kant, Gotthold Ephraim Lessing oder auch Johann Joachim Winckelmann wird der Blick auf das „Subjekt als entscheidende Instanz in der Erfahrung von Kunst und Schönheit" noch verstärkt (ebd.: 72).

Im deutschen Neuhumanismus, ab etwa 1750, entstehen letztlich zahlreiche Abhandlungen zu den Wirkweisen Ästhetisch-Kultureller Bildung, deren Autoren bis heute als „Begründungsfiguren" (Dietrich; Krinninger; Schubert 2012: 33) Kultureller Bildung verstanden werden. Die Auseinandersetzungen standen im engen Kontext zu der sich anbahnenden Französischen Revolution (1789-1799) und ihren Folgen. Nach Auffassung einiger Neuhumanisten führe diese nicht zu der ersehnten gleichberechtigten Freiheit aller Bürger/innen, sondern schaffe lediglich neue Machtkonstellationen. Das Ziel, über ein sich emanzipierendes Subjekt einen freien Staat zu entwickeln, könne aber nur durch Freiheitserfahrungen erreicht werden – wozu die Ästhetische Bildung einen Beitrag leisten könne. Mit der Idee der Ästhetischen Bildung ging also zugleich ein bildungspolitisches Interesse einher (vgl. Richter-Reichenbach 1998: 46 ff.). In diesem Diskurs nehmen die 27 *Briefe über die Ästhetische Erziehung des Menschen* (1795) von Friedrich Schiller (1759-1805) die wohl bedeutendste Position ein. Hier findet eine Verbindung sozialer, politischer und anthropologischer Annahmen zur Ästhetischen Bildung sowie die Überwindung des Dualismus von Sinnlichkeit und Vernunft statt (vgl. Klepacki; Zirfas 2012: 73). Ästhetische Erziehung wird so zu einem Mittel demokratischer Erziehung und Schiller stellt fest: „Das man, um jenes politische Problem in der Erfahrung zu lösen, durch das ästhetische den Weg nehmen muss, weil es die Schönheit ist, durch welche man zu der Freiheit gelangt" (Schiller 1960: 7). Im kreativen Dasein oder Spiel wie es Schiller nennt, träfen der sinnliche Stofftrieb (Erfahrung von Lust und Freude) und der vernünftige Formtrieb (Gestalten, Bestimmen und Freiheit erfahren) aufeinander, sodass sich der Mensch als gestaltendes Wesen frei von äußeren Zwängen wahrnehmen und diese reflektieren könne (vgl. ebd.: 65 ff.). Dieses neuhumanistische Bildungsverständnis wird zum Ende des 18. Jahrhunderts durch die Vorstellungen der Romantik erweitert, indem eine kindliche Genieästhetik betont und die Ästhetische Bildung als notwendig für die Entfaltung der natürlichen Kräfte betrachtet wird (vgl. Fink et al. 2012: 13).

Erst im 20. Jahrhundert sollen diese philosophisch-theoretischen Perspektiven im Kontext reformpädagogischer Arbeiten auch durch erziehungswissenschaftliche Perspektiven angereichert werden. Als diskurslenkend erweist sich vor allem der US-amerikanische Pädagoge und Philosoph John Dewey, der Ästhetische Bildung insbesondere als Partizipationserfahrung beschreibt. In seinen Schriften *Demokratie und Erfahrung* (1916) sowie *Kunst als Erfahrung* (1934) verbindet er zwar ähnlich wie Schiller politische mit ästhetischen Aspekten, verortet ästhetische Bildung aber stärker im Alltag (vgl. Klepacki; Zirfas 2012: 75 f.). So problematisiert Dewey die Abspaltung von Kunst durch ihre „Verbannung" (Dewey 1980: 12) in hochkulturelle Stätten, wie elitären Museums-, Theater- oder Konzertbauten, sodass diese nicht mehr der alltäglichen Erfahrung zugänglich sind. Das dadurch entstehende Fremdeln gegenüber künstlerischen Ausdrucksformen stelle eine Gefährdung der gesamtgesellschaftlichen kulturellen Teilhabe dar. Der Pädagogik komme deshalb die Aufgabe zu, offene Räume künstlerischer Erfahrung anzubieten, in denen das eigene Schöpfertum und Innovationspotenzial erkannt und reflektiert werden könne (vgl. Dewey 1964: 164).

Jüngere Auseinandersetzungen mit dem Thema Kulturelle Bildung rekurrieren immer wieder auf diese historischen Konzepte. Kunst als Erkenntnisgegenstand (Klaus Mollenhauer) oder ästhetische Erfahrung als leibliche Erfahrung (Käte Meyer-Drawe) bilden nur einige gegenwärtige Vertiefungen ab (siehe hierzu auch Kap. 3.2.2). Der Blick auf die Ideengenese zeigt, dass zunehmend das Subjekt und die Auseinandersetzung mit sich selbst und seiner Umwelt in den Fokus gerückt wurden, ohne dass die gesellschaftlichen Dimensionen aus dem Blick geraten sind. Dabei wurden die damit verbundenen Lernprozesse als soziale, partizipative und eigenbestimmte Prozesse beschrieben (vgl. Dietrich; Krinninger; Schubert 2012: 33). Pädagogische Settings als geplante und bewusste Bildungsveranstaltungen können in diesem Zusammenhang einen solchen Selbstbildungsprozess durch kulturell-ästhetische Erfahrungen initiieren und begleiten.

Nachdem diese Diskurse um Ästhetisch-kulturelle Bildung in Deutschland auch aufgrund der zwei großen Weltkriege zunächst an Bedeutung verloren haben, findet seit einigen Jahrzehnten wieder eine gewisse „Expansion der Kulturellen Bildung" (Fink et al. 2012: 9) statt, die im Kontext der Diskussion um das Lebenslange Lernen auch politische Relevanz erhält.

2.1.3 Aktueller bildungspolitischer Diskurs

Spätestens seit der ersten PISA-Studie der Organisation for Economic Cooperation and Development (OECD) im Jahr 2000 und die daraus resultierende Sichtbarmachung der Chancenungleichheit und damit Entwicklungsbedürftigkeit des deutschen Bildungssystems, erfährt auch Kulturelle Bildung zunehmend bildungspolitische Aufmerksamkeit (vgl. Reinwand 2012: 108). Insbesondere der Schlussbericht der Enquete-Kommission Kultur in Deutschland aus dem Jahr 2007 bewirkte eine stärkere Positionierung Kultureller Bildung. Der Bericht liefert eine umfangreiche Bestandsaufnahme zur Situation von Kunst und Kultur in Deutschland und entwirft auf dieser Basis Handlungsempfehlungen für Bund und Länder zur Förderung Kultureller Bildung. So wird bereits in der Präambel erklärt: „Die Einbettung kultureller Bildung in die allgemeine Bildung und die Stärkung kultureller Bildung im Allgemeinen sind von grundlegender Bedeutung für die Entwicklungsfähigkeit unserer Gesellschaft. Kultur ist ein Schlüssel zur Gesellschaftsentwicklung" (Schlussbericht der Enquete-Kommission 2007: 45). In den Handlungsempfehlungen zu dem Schwerpunkt Kulturelle Bildung wird daher auch zur Investition in Kulturelle Bildung und zur Einrichtung einer Bundeszentrale für Kulturelle Bildung geraten. Weitere Handlungsempfehlungen erfolgen für die Bereiche Kulturelle Bildung für Kinder und Jugendliche, aber auch für den Bereich der Kulturellen Erwachsenenbildung (vgl. ebd.: 397ff.). Hier wird Bund, Ländern und Kommunen empfohlen, flächendeckend innovative Angebote kultureller Erwachsenenbildung sicherzustellen sowie „Weiterbildung nicht auf einen verengten Begriff der beruflichen Weiterbildung zu reduzieren" (ebd.: 405).

Ein weiteres wichtiges Element zur bildungspolitischen Stärkung des Themas bildet der 4. Bildungsbericht des Deutschen Instituts für Internationale Pädagogische Forschung (DIPF) aus dem Jahr 2012. Der in Kooperation mit der Kultusministerkonferenz (KMK) und dem Bundesministerium für Bildung und Forschung (BMBF) entstandene Bericht behandelt die Gesamtentwicklung des deutschen Bildungssystems, setzt aber zusätzlich das Schwerpunktthema „Kulturelle/musisch-ästhetische Bildung im Lebenslauf". Dabei wird ein Überblick über die bildungskulturellen Aktivitäten der Bürger/innen, über Angebote von Bildungseinrichtungen im kulturellen/musisch-ästhetischen Bereich sowie über die Ausbildungseinrichtungen für künstlerische und kunst- und kulturvermittelnde Berufe gegeben (vgl. Bildungsbericht des DIPF 2012: 159). Auch hier wird zu Beginn betont, dass „kulturelle/musisch-ästhetische Bildung zu einer wichtigen Voraussetzung für autonome und kritische Teilhabe an Gesellschaft und Politik (wird)" (ebd.: 157).

Über diese Berichterstattungen wird außerdem deutlich, dass insbesondere der demographische Wandel, der aus einer steigenden Lebenserwartung, Geburtenrückgang und dem Anstieg kultureller Diversität resultiert, die bildungspolitische Auseinandersetzung mit Kultureller Bildung befördert. Es stellt sich die Aufgabe, die Vorstellungen von Alter und Altern von einer Bedarfs- und Defizit- zu einer Potenzialperspektive umzulenken. Kunst und Kultur könnten dies als gesellschaftliche „Bindekräfte" (Ermert 2012: 239) maßgeblich unterstützen (ebd.: 237 ff.).

Trotz oder vielleicht gerade auf Grund dieser verstärkten bildungspolitischen Bedeutungszuschreibungen drängt sich auch ein gewisser Legitimationsdiskurs immer wieder auf. Obwohl Kulturelle Bildung als ein intrasubjektiver, innerpsychischer und „tendenziell unverfügbarer" (Klepacki 2012: 26) Prozess beschrieben wird, wird ebenso oft die Forderung nach objektiven Nachweisen der Wirksamkeit und Sinnhaltigkeit laut, insbesondere dann, wenn Bund und Länder bei der finanziellen Förderung beteiligt sind (vgl. ebd.: 25 f.). So soll Kulturelle Bildung eben nicht nur Selbstzweck sein, sondern auch gesellschaftlich erwünschte Soft-Skills wie Teamfähigkeit und Leistungsfähigkeit stärken. Diese Ansicht gesellt sich zu ähnlichen Argumentationspunkten in der deutschen Bildungsdebatte, in denen vor allem unmittelbar verwertbares Wissen und entsprechend gesellschaftlich nützliche Kompetenzen hoch gehalten werden. Kunst, Musik, Literatur und Theater als Bildungsanlässe und -orte werden hingegen eher marginalisiert: „Das gilt immer noch als Luxus, wünschenswert, aber nicht unbedingt notwendig zur Sicherung der Zukunftsfähigkeit des Standortes Deutschland" (Bolwin 2012: 622). Der dadurch hervorgerufene „Legitimationszwang, konkrete vorhersagbare Lernergebnisse, z.B. in Form von Kompetenzen, nachzuweisen" (Fink et al. 2012: 14) führe zu einem „disziplinären Dilemma" (Klepacki 2012: 26), das für die Anbieter, Lehrenden und Teilnehmenden kultureller Bildungsangebote die Herausforderung bereit hält, mit diesen Widersprüchen umzugehen.

Gleichwohl Kulturelle Bildung also auch Marginalisierungen ausgesetzt ist, kann von einer „Expansion" (Fink et al. 2012: 9) derselben gesprochen werden. Diese bezieht sich neben der Erschließung einer breiten Zielgruppe (von der frühen Kindheit bis ins hohe Alter) und der Erweiterung der klassischen Kunstsparten vor allem auf die stärkere Etablierung und Ausweitung von Anbietern und Akteuren (vgl. ebd.).

2.2 Strukturelle Rahmung Kultureller Bildung

2.2.1 Förderung der Kulturbereiche durch Bund, Länder und Gemeinden

Das zunehmende bildungspolitische Interesse an der Förderung von Kulturstätten und kultureller Teilhabe zeigt sich auch in den Ergebnissen des Kulturfinanzberichtes der Statistischen Ämter des Bundes und der Länder. In diesem werden insbesondere die Einrichtungen der klassischen Kunstsparten, also Theater, Musikschulen, Museen und Bibliotheken berücksichtigt.[3] Im Jahr 2009 wurden 144 Theater mit 888 Spielstätten, 8400 öffentliche Bibliotheken, 246 wissenschaftliche Bibliotheken, 4790 Museen und 9272 Ausstellungen verzeichnet (vgl. Statistische Ämter des Bundes und der Länder 2012: 54ff.). Insgesamt wurden im Jahr 2009 durch Bund, Länder und Gemeinden ca. 9,1 Milliarden Euro für Kultur ausgegeben, im Jahr 1995 lag dieser Betrag noch bei ca. 7,5 Milliarden Euro, was einem Anstieg von 22,2% entspricht. Dabei wird ein Großteil der Ausgaben durch Länder (42,2%) und Gemeinden (44,4%) bestritten (vgl. Statistische Ämter des Bundes und der Länder 2012: 26ff.).

Insbesondere die Gemeinden nehmen eine wichtige Rolle bei der räumlichen und finanziellen Ermöglichung Kultureller Bildung ein: „Die Gemeinden prägen das kulturelle Angebot vor Ort. Neben der institutionellen Förderung von Museen, Stadttheatern und Bibliotheken unterstützen sie eine Vielzahl von Kulturgruppen, soziokulturellen Initiativen und Festivals" (vgl. ebd.: 40). Neben der Unterstützung kommerzieller Kultureinrichtungen und Angebote der Zivilgesellschaft unterbreiten viele Städte auch eigene Angebote oder etablieren städtisch organisierte und finanzierte Kultureinrichtungen wie Musikschulen und Jugendkunstschulen. Vielen städtischen Leitbildern ist deshalb auch zu entnehmen, dass Kultur zur Daseinsversorge in der Stadt gezählt wird. Dabei gerät auch der Ausbau kultureller Bildungsdienstleistungen in den Blick: „Viele Kunstwerke der Literatur, der darstellenden Kunst oder auch der bildenden Kunst erschließen sich nicht unmittelbar. Kulturelle Bildung ist daher der Schlüssel für die Nutzung kultureller Angebote" (vgl. Fuchs; Schulz; Zimmermann 2005: 85). Das Spektrum kultureller Bildungsarbeit in den Kommunen reicht daher von spezifischen Angeboten aus der Jugendhilfe, Kindertagesstätten und Schulen, Volkshochschulen und anderen Weiterbildungsträgern bis hin zu pädagogischen Angeboten der kommunalen Theater, Konzerthäuser, Museen, aber auch Bibliotheken und Kinos (vgl. ebd.: 83ff.). Dabei zeigt sich für die

---

3 Daneben werden bei dem Überblick über die öffentlichen Kulturausgaben und die Verteilung der Mittel auch die Bereiche Denkmalschutz und -pflege, auswärtige Kulturpolitik, Kunsthochschulen sowie Verwaltungen für Kulturelle Angelegenheiten einkalkuliert.

einzelnen Kulturbereiche, dass 35,4% der Kulturausgaben von Bund, Ländern und Gemeinden dem Bereich Theater und Musik, 18% den Museen und 15,1% den Bibliotheken zukamen[4] (vgl. Statistische Ämter des Bundes und der Länder 2012: 26ff.). Dies lässt darauf schließen, dass die klassischen Bereiche der Bildenden und Darstellenden Künste trotz einer Erweiterung der Kunstgattungen um die Neuen Medien und neuer situations- und handlungsbetonter Kunstformen wie der Performancekunst, Concept Art oder Happening, immer noch zu den am stärksten geförderten Bereichen gehören. Kulturelle Bildung, die die Teilhabe zu diesen Bereichen fördern soll, findet deshalb auch noch oft in den klassischen Kulturstätten wie den oben beschriebenen statt. Dennoch zeigt sich inzwischen eine pluralistische Anbieterstruktur in der Kulturellen Bildung.

2.2.2 Anbieter- und Teilnahmestruktur in der Kulturellen Bildung

Wie beschrieben prägen insbesondere spezifisch künstlerisch-ästhetische Kulturstätten wie Theater, Musikschulen und Konzerthäuser, Museen und Ausstellungen oder auch Bibliotheken die Anbieterstruktur der Kulturellen Bildung. Darüber hinaus wird das Feld der Kulturellen Bildung aber auch durch verschiedene öffentliche und betriebliche Bildungseinrichtungen, gemeinnützige oder kommerzielle Verbände, Stiftungen und Vereine oder auch private Unternehmen institutionell gerahmt.

In dem Bildungsbericht des DIPF (2012) wird für die Kulturelle Weiterbildung eine Anbieterstruktur beschrieben, die insbesondere von den Volkshochschulen als Bestandteil der institutionalisierten Weiterbildung dominiert wird. Knapp 41% aller Weiterbildungsanbieter im kulturellen/musisch-ästhetischen Bereich werden dazu gezählt. 25% gehören einer Kirche, Partei oder Gewerkschaft sowie einer Stiftung, Verband oder Verein an. Kommerziell und gemeinnützig tätige Privateinrichtungen machen je 11% aus und 9% der Weiterbildungsanbieter sind dem Bereich Hochschulen, Berufsschulen und Akademien zuzuordnen. Nur 4% sind betriebliche Bildungseinrichtungen und wirtschaftsnahe Einrichtungen. Zwar weisen die Programme der Volkshochschulen ein außergewöhnlich breites Themenspektrum im Bereich Kultur und Gestalten auf, indem die Bereiche Literatur, Kunst, Fotografie, Musik und Handarbeit über rezeptive als auch eigenaktive Angebote abgedeckt werden (vgl. Bildungsbericht des DIPF 2012: 184ff.). Aber auch die klassischen spezifisch künstlerischen Einrichtungen wie Museen erweitern zunehmend ihre Angebotspalette.

---

4 13% der Ausgaben waren für sonstige Kulturpflege gedacht, dazu verteilten sich 3,4% auf die Kulturverwaltung, 5,5% auf die Denkmalpflege und -schutz, 5,4% gingen an die Kunsthochschulen und 4,1% wurden für kulturelle Angelegenheiten im Ausland aufgewendet.

Führungen und Vorträge in rezeptiver Form sowie eigenaktiv gestaltete Workshops und Seminare, in denen auch eine körperliche und haptische Auseinandersetzung mit Kunst, Schauspiel und Musik erfolgt, sind bei den meisten Kulturstätten zu einem festen Bestandteil des Angebots geworden. Auch Bibliotheken positionieren sich immer stärker zu Anbietern der Kulturellen Bildung und präsentieren sich nicht mehr nur als Medienverleiher, sondern bieten auch Lesungen und Diskussionen sowie Beratungsangebote im Umgang mit beispielsweise Neuen Medien an (vgl. Fuchs; Schulz; Zimmermann 2005: 85).

Doch wie sieht die Angebotsnutzung in dieser pluralistischen Anbieterstruktur aus und wie reiht sich diese in das gesamte Weiterbildungsverhalten ein? Die BMBF-Studie „Weiterbildungsverhalten in Deutschland" (2013) zeigt in der Aufschlüsselung der Weiterbildungsaktivitäten Erwachsener, dass im Jahr 2012 insgesamt 25,1 Millionen Menschen im Alter von 18 bis 64 Jahren an Weiterbildungsangeboten teilgenommen haben, die bisher höchste gemessene Teilnahmequote. Weiter ausdifferenziert zeigt sich, dass der Bereich der betrieblichen Weiterbildung mit einem Anteil von 64% der Weiterbildungsaktivitäten das größte Segment darstellt. Weit dahinter fallen die individuelle berufsbezogene Weiterbildung mit 13% und die nicht-berufsbezogene Weiterbildung mit 18% Weiterbildungsanteil.[5] Der Blick auf die Themen der Weiterbildungsaktivitäten macht deutlich, dass das Lernfeld „Wirtschaft, Arbeit, Recht" ein Drittel der Aktivitäten umfasst. Einen weiteren Schwerpunkt bildet das Feld „Natur, Technik, Computer" mit 25% und „Gesundheit und Sport" mit 19%. Lediglich 13% der Weiterbildungsaktivitäten können dem Bereich „Sprachen, Kultur, Politik" zugeordnet werden. Innerhalb dieses Schwerpunktes konnten nur 4% der besuchten Veranstaltungen den Bereichen Kunst, Musik, Medien zugeordnet werden. Bezogen auf die nicht-berufsbezogene Weiterbildung ist der Themenschwerpunkt „Sprachen, Kultur, Politik" jedoch dominierend (36% der besuchten Veranstaltungen), während in der individuellen berufsbezogenen und der betrieblichen Weiterbildung diese Themen eher randständig bleiben (18% und 13% der besuchten Veranstaltungen) (vgl. Bilger et al. 2013: 29ff. und 125ff.).

Gleichzeitig geht aus dem Bildungsbericht des DIPF (2012) hervor, dass immerhin 65% der Erwachsenen im Alter von 19 bis unter 65 Jahren an Angeboten der kulturellen/ musisch-ästhetischen Bildung partizipieren. Dabei wird rezeptiven Aktivitäten wie Theater-/Konzert-/Museumsbesuchen häufiger nachgegangen (59% Teilnahme) als eigenaktiven Formen, wie Theater und Musikinstrumente spielen oder künstlerisches Gestalten (28% Teilnahme). Unbedingt anzumerken sind dabei die hohen Disparitäten in der Teilnehmerstruktur nach

---

5   Im Vergleich zu den Ergebnissen im Jahr 2010 ist für den Bereich der betrieblichen Weiterbildung ein Anstieg von 10% und für die individuelle berufsbezogene Weiterbildung ein Rückgang von 10% zu verzeichnen.

dem Bildungsstand. Während 87% der Befragten mit (Fach)Hochschulreife an Angeboten der Kulturellen Bildung teilnehmen, sind es bei den Befragten mit mittlerem Abschluss 68% und bei Befragten mit oder ohne Hauptschulabschluss 46% (vgl. Bildungsbericht des DIPF 2012: 171f.). Die Teilnehmerstruktur von Angeboten kultureller Bildung wird zudem durch den schon weiter oben beschriebenen demographischen Wandel stark beeinflusst. Aus den Ergebnissen des „KulturBarometer 50+", eine vom BMBF beauftragte Umfrage zur Kulturnutzung und den kulturellen Interessen älterer Menschen aus dem Jahr 2008, geht hervor, dass insbesondere die Sparten eines sehr klassischen Kulturbegriffes präferiert werden: Musik, Literatur, Theater, Museen und Ausstellungen sind ähnlich wie bei den Ergebnissen aus dem DIPF-Bildungsbericht die am häufigsten frequentierten Bereiche, sowohl in rezeptiven wie auch eigenaktiven Formen. In den klassischen Kultureinrichtungen mit vornehmlich rezeptiven Kulturangeboten stellen ältere Menschen deshalb aktuell das Kernpublikum dar, während jüngere Bevölkerungsgruppen häufiger auch Angebote der freien Szene nutzen oder Veranstaltungen kommerzieller Anbieter mit populären Kulturformen und Events besuchen (vgl. Keuchel; Wiesand 2008: 58ff.).

Es kann also festgehalten werden, dass Kulturelle Bildung von einer stark heterogenen und vielfältigen Anbieterstruktur geprägt ist, die sowohl die Anbieter der klassischen Kultureinrichtungen wie Theater, Museen und Konzerthäuser umfasst als auch verschiedene Bildungseinrichtungen außerhalb dieser spezifischen Kunstsparten. Die Nutzung derselben ist im Zusammenhang mit insgesamt zwar steigenden Weiterbildungsaktivitäten in Deutschland zu betrachten, jedoch ist der Bereich der Kulturellen Bildung, die größtenteils im Segment der nicht-berufsbezogenen Bildung stattfindet, marginal aufgestellt. Trotzdem nimmt ein Großteil der Bevölkerung mehr oder weniger intensiv Angebote der Kulturellen Bildung wahr, wobei die klassischen Angebote deutlich mehr frequentiert werden als neue und stärker innovative Formen.

2.2.3 Veranstaltungsformen in der Kulturellen Bildung

In der Kulturellen Bildung als Teil der Erwachsenenbildung/ Weiterbildung oder auch außerschulischen Jugendbildung lassen sich verschiedene Veranstaltungsformen finden, die, wie Tietgens 1981 bereits feststellte, das Bindeglied zwischen Anbietern und Teilnehmer/innen sind. Da nicht wie bei der formalen Bildung von einer kontinuierlichen Beziehung zu den Lernenden ausgegangen werden kann, steht mit jeder neuen Veranstaltung die Herausforderung der Akquirierung und Bindung von Teilnehmer/innen im Fokus. In diesem Zusammenhang ist die Kommunikation mit den Teilnehmer/innen und die Berücksichtigung derer Bedürfnisse ein spezifisches Moment in der Kulturellen Bildung, wie in der Erwachsenenbildung überhaupt, was eine hohe Partizipation der Lernenden in den verschiedenen Phasen einer Veranstaltung erfordert (Tietgens 1981: 1f.). Die Veranstaltungsform stellt damit einen Ordnungsrahmen für die Programmplanung dar, muss jedoch unbedingt Freiräume für die konkrete methodische Durchführung sicher stellen, um dem breiten Spektrum von Lerninteressen und -bedürfnissen gerecht zu werden: „Mit der Veranstaltungsform ist nur die Makrostruktur des Bildungsprozesses umrissen, innerhalb der die Mikrostrukturen situationsbedingten Entscheidungen überlassen bleiben" (ebd.: 4). Dennoch kann und muss davon ausgegangen werden, dass mit der Wahl und Ankündigung einer bestimmten Veranstaltungsform bereits Erwartungen an die Gestaltung der Beziehung zwischen Lehrendem und Lernenden und letztlich auch an Grad und Art der Beteiligung letzterer hervorgerufen werden. So gibt es gewisse Entsprechungen und Widersprüchlichkeiten zwischen bestimmten Inhalten und/oder Zielen und Formen von Bildungsveranstaltungen, sodass ein entsprechendes Passungsverhältnis ein unbedingtes Prinzip der Planung und des situationsbedingten Reagierens sein muss (vgl. Tietgens 1981: 3ff.). Dies setzt wiederum ein Verständnis über die entsprechenden Veranstaltungsformen voraus, das auf beiden Seiten weitestgehend kongruent ist. Bei der schon beschriebenen Vielfalt und Heterogenität in der Anbieter- und Angebotsstruktur kann es jedoch schwierig sein, einen Konsens über die Terminologie und damit ein gemeinsames Begriffsverständnis über bestimmte Veranstaltungsformen herzustellen (vgl. ebd.: 9f. und 29). Eine Möglichkeit, diese voneinander abzugrenzen und in ihrem organisationalen Rahmen zu verdeutlichen, bietet der Verweis auf ihre zeitlich-räumlichen Rahmenbedingungen. Die Dimensionen Zeit und Ort als Strukturmomente können Bildungsprozesse im Kontext des organisierten Lernens steuern, indem sie Orientierungshilfen bezüglich der Vielfalt von Herangehensweisen an einen spezifischen Lerngegenstand schaffen. Gleichzeitig kann ein sehr stark zeitlich und örtlich strukturierter Umgang auch Lernmöglichkeiten beschneiden, wenn die Selbstbestimmung der Lernenden zu stark in den Hintergrund gerückt wird. Ein Grundsatz bei der Bestimmung der Rahmenbedingungen kann daher lauten: „Nicht die Zeiten sind mit Inhalten zu füllen, sondern den Inhalten sind Zeit-Räume zur Verfügung zu stellen" (Fachzeitschrift Weiterbildung 2009: 55). Im Vordergrund steht also die Frage, in welchen zeitlich-räumlichen Kontexten ein spezifischer Lerninhalt gestalt-, erfahr- und erfassbar wird. Die Veranstaltungsform als ein bedeutendes didaktisch-methodisches Planungskriterium, über welches eine Strukturierung des Angebots stattfindet, hängt also eng mit den Lerninhalten zusammen (vgl. Schrader 2011: 249ff.).

In diesem Zusammenhang lässt sich ein Wandel in der Struktur der angebotenen Veranstaltungsformen in der Weiterbildung erkennen. Die DIE-Trendanalyse 2014 zeigt, dass für fast alle Veranstaltungsformen ein teilweise deutlicher Rückgang in der durchschnittlichen Veranstaltungsdauer verzeichnet werden kann. Insbesondere in der betrieblichen Weiterbildung ist diese Tendenz erkennbar, 59% aller Weiterbildungsaktivitäten in diesem Segment wiesen eine durchschnittliche Dauer von 31 Stunden auf, wobei viele der Aktivitäten 10 oder weniger Stunden in Anspruch nahmen (vgl. Deutsches Institut für Erwachsenenbildung 2014: 96f.). Gleichzeitig stellt Schrader (2011) fest, dass die Anzahl einmalig stattfindender Vorträge und Vortragsreihen von 1992 bis 2006 um mehr als das doppelte gestiegen sind (von 5,2% auf 10,6% Veranstaltungsanteil), während Kurse mit regelmäßig stattfindenden Terminen zwar immer noch dominieren, jedoch zunehmend weniger nachgefragt und angeboten wurden (von 44,2% auf 29,5%). Der Anteil an Tages-, Mehrtages- und Wochenendseminaren sowie Bildungsurlauben ist dabei im Wesentlichen stabil geblieben. Schrader verweist in diesem Kontext auf die gestiegene Effizienzerwartung und den geforderten Verwertungscharakter seitens der Teilnehmerschaft als möglichen Grund für die Zunahme von zeitlich dichteren und kompakteren Veranstaltungsformen (vgl. Schrader 2011: 256f.). In der individuellen berufsbezogenen Weiterbildung und der nicht berufsbezogenen Weiterbildung wiesen die Maßnahmen jedoch eine wesentlich höhere Veranstaltungsdauer auf. Hier kann auch beobachtet werden, dass trotz der Dominanz sogenannter klassischer Veranstaltungsformen wie Vorträge, Kurse und Lehrgänge, die immer kürzere Präsenzzeiten aufweisen, vor allem im Segment der nicht berufsbezogenen Weiterbildung auch nicht traditionelle Veranstaltungsformen vertreten sind. Studienfahrten, Lernwerkstätten oder auch Outdoor-Trainings sind zwar seltener im Leistungsspektrum abgebildet, erfahren jedoch immer mehr Bedeutungszuwachs und Nachfrage (vgl. Deutsches Institut für Erwachsenenbildung 2014: 97ff.). Neben dem verstärkten Interesse in der berufsbezogenen Weiterbildung an möglichst komprimierter effektiver Wissensvermittlung, ist also in der nicht berufsbezogenen Weiterbildung auch der Trend nach ungewöhnlichen und längeren Veranstaltungen erkennbar. Der (Selbst-) Erfahrungs- und Erlebnischarakter, der diesen Veranstaltungsformen oft inne wohnt, deutet auf ein Lernziel hin, was nicht nur eine reine Wissensvermittlung, sondern auch intensivere Aneignungsprozesse beinhaltet.

So ist auch die Art und Intensität der Teilnehmeraktivität ein weiteres Kriterium für die Unterscheidung und Bestimmung verschiedener Veranstaltungsformen. Das Verhältnis von Teilnehmer- und Vermittlungsaktivität nimmt zugleich Einfluss auf die Rolle des Lehrenden als Experte eines bestimmten Wissensgebietes und/ oder als Initiator, Moderator und Begleiter von (Selbst-)Bildungsprozessen. Vorträge, Vorlesungen oder der klassische Frontalunterricht, bei dem ein definierter Inhalt in einem zuvor festgelegten Zeitraum durch den Lehrenden präsentiert wird, lassen die aktive Einbindung der Teilnehmenden nur beschränkt zu. Andere Zeitorganisationsformen wie Studienreisen oder Workshops bieten oftmals eher die Möglichkeit der aktiven Partizipation der Lernenden. Das informelle Zusammensein bei solchen Veranstaltungsformen kann zudem auch gruppendynamische Prozesse fördern, in denen die Teilnehmenden als aktive Gemeinschaft eine entsprechende Rolle im Lernprozess einnehmen (vgl. Tietgens 1981: 34ff.). Das Zusammenspiel von solchen rezeptiven als auch eigenaktiv-produktiven Lernprozessen spielt insbesondere in der Kulturellen Bildung eine wichtige Rolle, da in vielen Angeboten sowohl die Vermittlung kulturellen Wissens als auch die Fähig- und Fertigkeiten zur Anwendung dieses Wissens im eigenen kulturellen Handeln gestärkt werden sollen. Zwar wird wie in Kap. 2.2.2 dargelegt, häufiger rezeptiv angelegten Veranstaltungen in der Kulturellen Bildung nachgegangen, jedoch werden zunehmend auch Veranstaltungsformen gewählt, in denen die Trennung zwischen theoretisch-reflektierender Auseinandersetzung und künstlerisch-kreativem Gestalten im Sinne eines ganzheitlichen Bildungsverständnisses aufgehoben werden. Veranstaltungsformen wie Exkursionen, Studienfahrten oder auch Sommerakademien, die einen zeitlich-räumlichen Organisationsrahmen haben, der sich stark vom Alltag abgrenzt und potenziell verschiedene Formen der Teilnehmeraktivität und -partizipation zulässt, erscheinen damit als geeignete Angebote, um den genannten Zielen und Inhalten der Kulturellen Bildung zu entsprechen.

2.3 Profession und professionelles Handeln in der Kulturellen Bildung

2.3.1 Berufsfeld Kulturvermittlung

Die Kulturvermittlung als ein noch relativ junges Berufsfeld, das sich in Deutschland seit den 1970er Jahren immer stärker etabliert, steht in einem engen Zusammenhang mit der zunehmenden Professionalisierung kultureller Dienstleistungen. Sie umfasst verschiedene Bereiche der kulturellen musisch-ästhetischen Bildung und reicht vom Kulturmarketing, über die Vermittlung künstlerischer Produktionen und deren Rezeption, insbesondere im Zusammenhang mit kulturpädagogischen Aufgaben wie der Museumspädagogik, bis hin zur Initiierung und Begleitung eigenen kulturellen Schaffens (vgl. Mandel 2005a: 9). Konkrete Aufgaben der Kulturvermittlung sind:

- Schaffen von Zugängen zu Kunst im Sinne einer Übersetzungsleistung,

- Vermittlung künstlerischer Techniken und Erweiterung künstlerischer Ausdrucksmöglichkeiten,
- Vermittlung kultureller Kompetenzen (Fähigkeit, kulturelle Gegenstände und Phänomene deuten sowie eigene kreative Lösungen bei Problemstellungen finden zu können),
- Anregung zur Gestaltung kultureller und sozialer Prozesse und damit Ermöglichung von Teilhabe am gesellschaftlichen Leben.

Die Vielfalt dieser Aufgabenbereiche deutet auch darauf hin, dass unterschiedliche Berufszugänge, Tätigkeiten und Herangehensweisen, Bezugswissenschaften sowie institutionelle Rahmungen und Einrichtungsformen dieses Berufsfeld prägen. Der Verwendung des Professionsbegriffes steht das aber nicht im Wege, auch wenn dieser meist mit standardisierten Qualitätskriterien assoziiert wird (vgl. Mandel 2005a: 9f.). Vielmehr kann diese Heterogenität auch als Gelingensbedingung betrachtet werden: „Kulturvermittlung ist als Praxis, analog zu Kunst, Kultur, Medien, nur im Plural zu denken und nur so professionell zu betreiben" (Zacharias 2005: 99). Der Begriff Profession im Kontext der Kulturvermittlung meint daher weniger „die Normierung auf einen national einheitlichen Beruf (...), als vielmehr die Notwendigkeit einer professionellen Ausbildung für das Tätigkeitsfeld der Kulturvermittlung, ebenso wie die Hoffnung auf eine breite Anerkennung der Kulturvermittlung als eigenständige, gesellschaftlich notwendige Profession" (Mandel 2005a: 9).

Dennoch markiert der Begriff Profession auch im Kontext der Kulturellen Bildung einen Qualitätsanspruch, der sich insbesondere auf die Handlungsmaximen der Akteure bezieht. Zwar ist zu bedenken, dass kulturelle Bildungsprozesse als innersubjektive Erfahrungen und Reflektionen in erster Linie vom Subjekt gesteuert werden, sodass Intensität, Richtung und Ergebnis Kultureller Bildung letztendlich von den Teilnehmenden selbst bestimmt werden. An die Kulturvermittlung ist aber trotzdem oder gerade deshalb die Aufgabe gestellt, diese Prozesse entsprechend zu initiieren, zu begleiten und selbstständig werden zu lassen, also Grundvoraussetzungen für kulturelle Teilhabe zu schaffen. Darin eingeschlossen ist auch der Umgang mit Ungewissheiten und nicht abschätzbaren Situationsverläufen, also mit Nicht-Wissen, was durch den stark subjektiv verlaufenden Lernprozess immer wieder auftritt. Aufgrund dessen muss den professionell Tätigen ein relativ weiter Entscheidungsspielraum zugestanden werden, der sich in hoher Selbstbestimmtheit und geringer Weisungsgebundenheit ausdrückt (vgl. Roth 2012: 840f.). Dies bedeutet jedoch nicht, dass professionelles kulturvermittelndes Handeln nicht an gewisse Maximen gebunden ist. Braun und Schorn (2012) formulieren deshalb wichtige handlungsleitende Prinzipien:

- Ganzheitlichkeit:
  Gewährleistung der Bandbreite an thematischen Zugängen bei der Bereitstellung kultureller Erfahrungs- und Gestaltungräume, sodass sowohl Produktions- als auch Rezeptionsprozesse sowie kognitive als auch sinnliche und emotionale Annäherungen stattfinden können.
- Freiwilligkeit:
  Kulturelle Bildung soll möglichst frei von Lehrplänen und Leistungsansprüchen stattfinden, das Prinzip der Freiwilligkeit ist eine wichtige Grundbedingung für die Auseinandersetzung mit sich und seiner Umwelt.
- Partizipation:
  Einbezug der Teilnehmenden in alle Phasen der Projektplanung und -durchführung und damit Wertschätzung ihrer Expertise.
- Lebensweltorientierung:
  Schaffen von Anknüpfungspunkten an die Lebenswirklichkeit der Teilnehmer, um Transfereffekte in den Alltag hinein zu ermöglichen.
- Erfahrung von Selbstwirksamkeit:
  Erleben der eigenen Kompetenz und Ausdrucksmöglichkeiten und -grenzen, also das Erfahren des Selbst als schöpferisches Wesen.
- Fehlerfreundlichkeit und Stärkeorientierung:
  Das Erleben von Scheitern ressourcenorientiert als Quelle von Erkenntnis und Erfahrung betrachten.
- Selbstgesteuertes Lernen in Gruppen:
  Die Gruppe als Unterstützungssystem bei selbst initiierten und geplanten Lernerfahrungen, wobei die Handlungsprozesse selbst bestimmt sein müssen.
- Offenheit für Vielfalt:
  Anerkennung und Wertschätzung kultureller Differenzen und ihrer Einbindung in die Lernprozesse.
- Öffentlichkeit und Anerkennung:
  Die öffentliche Darstellung ist oft genuiner Teil verschiedener Kunstformen und ermöglicht den Teilnehmern sich selbst als an der Gestaltung kulturellen Lebens Beteiligte wahrzunehmen (vgl. Braun; Schorn 2012: 131ff.).

Diese Handlungsmaximen deuten jedoch auch darauf hin, dass professionelles Handeln in der Kulturvermittlung nicht nur von der Qualifikation des jeweiligen Akteurs abhängt, sondern in einem hohen Maße durch Intuition und der „individuellen Umsetzung eines Berufsethos" (Roth 2012: 842) gesteuert wird. So läge dem Handeln in der Kulturvermittlung auch aufgrund der nur indirekt beeinflussbaren innersubjektiven Lernprozesse immer eine gewisse Unsicherheit zu

Grunde, weshalb intuitives Handeln permanent gefordert wird. Das bedeutet auf keinen Fall Beliebigkeit, sondern vielmehr ein situationsbedingtes Agieren und Reagieren, welches das Ergebnis eines „langen Entwicklungsweges ist, auf dem ihr [gemeint sind die Professionellen, C.S.] professionelles Selbst Qualifikation, Ethos, Sinn für das Wesentliche und die Fähigkeit zur achtsamen Wahrnehmung der Gesamtsituation integriert hat" (ebd.).

Das professionelle Handeln von Kulturvermittler/innen wird zudem durch diverse gegenwärtige und zukünftige Herausforderungen geprägt. Vor allem die Ökonomisierung des Kultursektors und die Kürzungen öffentlicher Fördergelder befördern Konkurrenzsituationen in einem umkämpften Kulturmarkt. Das Kulturpublikum zeigt indessen erhöhte Ansprüche an einen attraktiven Service, der günstige Rahmenbedingungen und einen Pool an Kommunikations- und Unterhaltungsangeboten beinhaltet. Die Folge ist ein wachsender Bedarf an professionellen Vermittlungsdienstleistungen sowohl seitens der Nutzer/innen als auch seitens des Kulturbetriebes (vgl. Mandel 2008: 58f.). Die Einrichtung diverser Festanstellungen im Bereich der Theater-, Museums – und Musikpädagogik stößt jedoch an ihre Grenzen, sodass solche Dienstleistungen vermehrt durch externe Professionelle erbracht werden. Für den/die Vermittler/in bedeutet das auch, sich zu einem „cultural entrepreneur" (Hagoort 2003: 25) zu entwickeln und die eigenen Leistungen zunehmend in Selbstständigkeit für öffentliche Institutionen oder als Direktanbieter zu bewerben (vgl. Mandel 2005b: 19).

Auch Künstler/innen, die immer häufiger als Kulturvermittler/innen tätig werden, sind von diesen Anforderungen betroffen. Der Deutsche Kulturrat gab 2013 die Studie „Arbeitsmarkt Kultur: Zur wirtschaftlichen und sozialen Lage in Kulturberufen" heraus, aus welcher hervorgeht, dass der wachsende Anteil selbstständiger bildender Künstler/innen (8.814 Künstler/innen im Jahr 2011, was einen Anstieg von 21% zum Jahr 2003 bedeutet) einer schrumpfenden Zahl an institutionellen Abnehmern ihrer Kunstwerke gegenübersteht (1.712 Unternehmen im Jahr 2011, was einen Abstieg von 22% zum Jahr 2003 bedeutet). Die Selbstvermarktung wird also zunehmend zu einer wichtigen Anforderung von gegenwärtigen Künstler/innen (vgl. Deutscher Kulturrat 2013: 99ff.). Eine weitere Studie des Instituts für Strategieentwicklung (IFSE) aus dem Jahr 2011 zur sozialen und wirtschaftlichen Situation von Künstler/innen in Berlin zeigt, dass lediglich 19% der befragten Künstler/innen ihre Ausgaben voll und ganz über die Einkünfte ihrer künstlerischen Arbeit (Verkauf von Kunstwerken, Auftragsarbeiten) decken konnten. Die Mehrheit der freischaffenden Künstler/innen ist vielmehr darauf angewiesen, ihren Lebensunterhalt auch über zusätzliche Tätigkeiten sicher zu stellen. Die Lehrtätigkeit im Bereich der Bildenden Kunst war dabei eines von vielen Tätigkeitsfeldern, was 5,5% der Befragten als weitere Einnahmequelle angegeben haben (vgl. Institut für Strategieentwicklung 2011: 22). Dabei ist die Tätigkeit von Künstler/innen im Bereich der Kulturvermittlung nicht nur naheliegend, sondern nach Braun und Schorn (2012) sogar eine weitere Gelingensbedingung für professionelle Kulturvermittlung, da die Qualität kulturvermittelnder Praxis „wesentlich auch von der gelungenen Einbeziehung der schöpferischen Fähigkeiten und dem fachlichen Können von KünstlerInnen (abhängt)" (Braun; Schorn 2012: 133). Das berufsbedingte und deshalb authentische Kunstschaffen sei im besonderen Maße animierend und motivierend. Neben der von Braun und Schorn geforderten direkten Zusammenarbeit mit Künstler/innen, werden diese auch immer öfter selbst als Kulturvermittler/innen tätig.

2.3.2 Künstler/innen als Kursleitende

Künstler/innen, die als Kursleiter/innen im Feld der Kulturellen Bildung tätig sind und den Auftrag haben, künstlerische Vermittlungsarbeit zu leisten, sind häufig mit der Anforderung konfrontiert, auf eine aus der Ausbildung, eigenen künstlerischen Tätigkeiten und Lehrerfahrungen gewachsene Professionalität zurückgreifen zu können. Gestalterische Praxis, Fachwissen und didaktische Kenntnisse sowie das zugrunde gelegte Bildungsverständnis rahmen das Handeln in der Kunstvermittlung. Die vielfältigen, interdisziplinären Anforderungen führen jedoch nicht selten zu einem „Spannungsverhältnis im Selbstverständnis zwischen künstlerischen und pädagogischen Professionen" (Reinwand 2012: 113). So sind Lehrende, die sich in erster Linie und schwerpunktmäßig als Künstler/innen verstehen und bezeichnen, mit der Forderung konfrontiert, auch pädagogisch handlungsfähig zu sein. Pädagogik meint zunächst die Wissenschaft, Theorie und Praxis von Bildung und Erziehung. Unter Erziehung wird dabei ein zielgerichteter Prozess verstanden, der in einem kommunikativen Akt zwischen Erzieher und zu Erziehendem mit dem Ziel stattfindet, letzteren zur Selbstständigkeit und zu verantwortungsbewusstem Handeln zu befähigen, wodurch Erziehung ein prinzipiell abschließbarer Vorgang ist. Bildung hingegen meint stärker einen lebenslangen und vor allem eigenaktiven Prozess der Auseinandersetzung des Subjekts mit seiner Umwelt mit dem Ziel der Persönlichkeits-, Identitäts- und Kräfteentwicklung und -entfaltung (vgl. ebd. 108f. und Kap. 2.1.1).

Die sich daraus ergebende Anforderung, kulturelle, bzw. künstlerisch geprägte (Selbst-) Bildungsprozesse zu initiieren, anzuleiten und zu begleiten, wird gleichzeitig durch den Diskurs um die Universalisierung der Erwachsenenbildung gerahmt. Diese wiederum sei Folge der modernen Wissensgesellschaft, in der Wissen zur Produktivkraft und wichtigsten Ressource technischer und wirtschaftlicher Entwicklung gerät, wodurch aber auch ein Bindungsverlust zu ästhetischen Ausdrucksformen diagnostiziert wird (vgl. Kade 1998: 797). Der kulturellen Erwachsenenbildung komme in diesem Kontext deshalb auch die Aufgabe zu, diesen Entwicklungen entgegenzusteuern, indem Kulturinteressierte zusammengebracht und diesen neue kulturelle Welten zugänglich gemacht werden. Der/die Kursleiter/in spielt dabei eine wichtige Rolle, denn „die „Vermittlung" solch fremder, sonst nicht zugänglicher Welten – läuft vielfach über eine Identifikation mit dem Kursleiter ab und bleibt an seine Person gebunden" (ebd.: 798). Der Moment des Authentischen, der im Künstlerhabitus angelegt ist (wie bereits in Kap. 2.3.1 angesprochen), spielt in diesem Zusammenhang eine wichtige Rolle und zeigt sich als bedeutendes Bindeglied zwischen Kursleitenden und Teilnehmenden. Dennoch sollte die Vermittlungsarbeit auch im Sinne einer pädagogischen Tätigkeit in einem bewussten und geplanten Vorgang eingebettet sein. Dabei kommt den Kursleitenden aber vielmehr die Aufgabe zu, ihr fachkundiges Wissen in der Rolle eines Initiators und Begleiters der Lernprozesse zu vermitteln, und weniger eine führende oder erzieherische Rolle einzunehmen (vgl. Negenborn 2003: 74).

Gerade Veranstaltungsformen, die eine Orientierung an den oben genannten Handlungsprinzipien zulassen, sind ein häufig gewähltes Handlungsfeld unterrichtender Künstler/innen. Negenborn (2003) verweist in diesem Zusammenhang auf Kurse, die sich am „Prinzip Werkstatt" als „Alternativen zu üblichen Lernformen" (ebd.: 73) orientieren. Dabei steht das Handeln der Teilnehmenden und der Einbezug derselben in die Gestaltung des Kursgeschehens im Mittelpunkt, wobei fachkundige Dozent/innen Lernprozesse anregen, die in intensiver Einzel- und Gruppenarbeit stattfinden (vgl. ebd.: 74). Insbesondere Sommerakademien werden häufig in solchen Werkstätten organisiert und bieten eine wichtige Möglichkeit für Künstler/innen als Kunstvermittler/innen tätig zu werden. Im Folgenden soll deshalb der Blick auf die Veranstaltungsform Sommerakademie im Kontext der Kulturellen Bildung geworfen werden.

3 Sommerakademien als Veranstaltungsform in der Kulturellen Bildung

3.1 Anfänge der Sommerakademien

Im Folgenden soll ein kurzer Überblick über die Entstehungsgeschichte von Sommerakademien gegeben werden, da die historischen Entwicklungen immer auch Orientierungen für gegenwärtige Wahrnehmungen und die Gestaltung der Veranstaltungen nehmen können. Das Konzept Sommerakademie als ein sich von den traditionellen Kunstakademien abgrenzendes Unterrichtsmodell lehnte in ihrer Entstehungsphase die für Kunstakademien geltenden Aufnahmeprüfungen und Zugangskriterien wie Geschlecht, Alter und Nationalität sowie genaue Stil- und Motivvorgaben strikt ab. Ebenso gab es keine Aufteilung zwischen Anfängern und Fortgeschrittenen, auch Prüfungen wurden nicht abgenommen. Im Gegensatz dazu sollte eine Öffnung für alle kunstinteressierten Menschen stattfinden, die für einige Wochen zusammen verschiedenste künstlerische Erfahrungen machen sollten. Eine der ersten Sommerakademien dieser Art in Europa entstand 1953 mit der Gründung der Internationalen Sommerakademie für Bildende Kunst auf der Festung Hohensalzburg (auch „Schule des Sehens") durch den Künstler Oskar Kokoschka (1886-1980) und den Kunsthändler Friedrich Welz (1903-1980) (vgl. Wally 1993: 5 ff.).

Die Kunst Kokoschkas, die dem Expressionismus zugeordnet werden kann, galt ab 1933 unter dem Nationalsozialistischen Regime als „entartet", sodass der Künstler 1934 nach Prag übersiedelte, später nach London floh und schließlich zwischen 1940 und 1942 mehrere Ausstellungen in den USA hatte. Hier lernte Kokoschka verschiedene alternative Modelle zu den klassischen Kunstakademien kennen. Da viele Künstler während des Zweiten Weltkrieges in die USA flohen, dort aber häufig keine Anstellung an den Akademien finden konnten, entstand ein Modell, nach dem die Künstler über den Sommer hinweg wenige Wochen intensiv unterrichteten und damit die Pause während der allgemeinen Urlaubszeit füllten. Als Kokoschka schließlich nach dem Zweiten Weltkrieg nach Österreich zurückkehrte, ihm in Wien jedoch eine Anstellung an der Kunstakademie verwehrt blieb, begab er sich schließlich mit der Idee „einer pädagogischen Tätigkeit im Rahmen eines zu gründenden Seminars für bildende Künste" (ebd.: 14) nach Salzburg, wo er letztendlich die Internationale Sommerakademie für Bildende Kunst gründete. Kokoschka hatte nicht die Berufsausbildung zum Künstler im Sinn, sondern eine in Auseinandersetzung mit Kunst stattfindende umfassende Persönlichkeitsentwicklung. Dafür wurde ein interdisziplinäres Programm zusammengestellt, was neben der Malerei auch Bildhauerei, Architektur, Lithographie und Kunstgeschichte anbot.

Ausgangspunkt für Kokoschkas Lehren war das „Seherlebnis", womit er eben nicht das Erlernen technischer Fertigkeiten meint, sondern die Auseinandersetzung des Individuums mit sich selbst in Zusammenhang mit dem Gesehenen, was eine Form des Begreifens und der Teilnahme an der Welt sei. In Anlehnung an die Vorstellungen des Humanisten Johann Amos Comenius (1592-1670) beschreibt Kokoschka seine Tätigkeit an der Sommerakademie auch als „Seherziehung" und beschreibt damit einen von Drill und Zwang befreiten Unterricht, der allen Menschen ermöglicht werden und zur Ausgestaltung ihrer vorhandenen Anlagen dienen soll (vgl. ebd. 163 ff.).

Die erste Sommerakademie fand vom 20. Juli bis 15. August 1953 mit 44 Teilnehmenden statt, wobei wie folgt für die Akademie geworben wurde:

„Der Akademiebetrieb als solcher sieht eine enge Zusammenarbeit zwischen Lehrern und Schülern vor: Die Hörer sollen die von den Professoren gestellten Probleme praktisch behandeln, die erzielten Ergebnisse werden sodann der unterweisenden Kritik der Lehrer unterworfen. Round-Table-Diskussionen werden Gelegenheit zu freier Meinungsäußerung und zur gedanklichen Untermauerung der schöpferisch-künstlerischen Tat bieten. Es ist ein ausreichendes Maß an Zeit zu freier Arbeit und gegenseitigem menschlichen Sichnäherkommen vorgesehen" (zitiert nach Wally 1993: 20).

Trotz einiger Begrifflichkeiten wie „Hörer", die auf einen passiven Status der Teilnehmenden hinweisen könnten, wird hier die Ausrichtung der Sommerakademie als partizipatives Unterrichtsmodell deutlich. Die Salzburger Sommerakademie verzeichnete daraufhin jährlich wachsende Teilnehmerzahlen und zog zahlreiche weitere Gründungen in Europa nach sich.

3.2 Sommerakademien heute

Der Begriff Sommerakademie ist bis heute kein geschützter Begriff und wird ähnlich wie andere Veranstaltungsformen von verschiedenen Bedeutungszuschreibungen und Organisationsformen gerahmt. Sommerakademien können sowohl für die berufliche als auch private Fortbildung genutzt werden, bieten jedoch in der Regel keine Zertifizierung in Form eines qualifizierten Abschlusses an. Auch werden die Angebote der Sommerakademien längst nicht mehr nur von Professoren durchgeführt, wie es ursprünglich angelegt war, sondern zunehmend auch von Trainern oder Dozenten, die eine fachliche und meist auch didaktische Ausbildung zu dem Thema vorweisen können (vgl. Fachzeitschrift Weiterbildung 2009: 56).

Neben Sommerakademien im Kontext künstlerisch-kultureller Bildung finden heute auch viele Sommerakademien statt, die einen deutlichen Bezug zur Hochschulbildung haben und eher in Form wissenschaftlicher Symposien durchgeführt werden. Die Möglichkeit, über solch ein Veranstaltungsformat ein spezifisches Thema diskurshaft zu vertiefen, haben inzwischen auch viele Stipendienwerke erkannt und Sommerakademien zu einem wichtigen Bestandteil der Begabtenförderung etabliert. Die Studienstiftung des Deutschen Volkes als größtes Begabtenförderwerk in Deutschland bietet verschiedene Frühjahrs- und Sommerakademien als festen Bestandteil der Bildungsveranstaltungen an, um einen vertiefenden und gleichzeitig interdisziplinären Austausch unter den Studierenden zu ermöglichen (vgl. Studienstiftung des deutschen Volkes 2014).

Im Kontext der Kulturellen Bildung sollen Sommerakademien jedoch auch mit Blick auf die Entwicklungsgeschichte frei von Zugangskriterien und offen für alle Kunst- und Kulturinteressierten sein. In Tradition Deweys berufen sich viele Sommerakademien auf das Ziel die gesamtgesellschaftliche kulturelle Teilhabe zu fördern. Während Dewey jedoch einen hohen Alltagsbezug beim Schaffen künstlerischer Erfahrungsräume einfordert, zeigt sich die Abgrenzung vom beruflichen und privaten Alltag bei Sommerakademien als ein wichtiges Merkmal räumlicher Rahmenbedingungen. Das Arbeiten an speziellen Themen in ungewohnten Umgebungen soll das kreativ-schöpferische Potenzial der Teilnehmer/innen fördern und wird so zum Charakteristikum dieser Veranstaltungsform (vgl. Fachzeitschrift Weiterbildung 2009: 56). Unterrichtsorte können im Kontext der Kulturellen Bildung Ateliers, Theaterbühnen oder auch Musikschulen sein, aber auch das Arbeiten im Freien, in der Landschaft sowie im urbanen Raum findet häufig über Sommerakademien statt.

Auch die zeitliche Strukturierung charakterisiert die Sommerakademie als ein sich von den klassischen Veranstaltungsformen der Weiterbildung abgrenzendes Angebot, dass eine gezielte Freizeitnahme und Verlassen des beruflichen Alltags verlangt. Viele Angebote der Sommerakademien erstrecken sich über einen Zeitraum von mehreren Tagen oder Wochen, in denen eine intensive Teilnahmeaktivität eingefordert wird. Auch der Zeitpunkt des Sommers ist ein gezieltes Strukturmoment, da zu dieser Zeit viele Arbeitnehmer, aber auch Selbstständige ihren Anspruch auf arbeitsfreie Zeit geltend machen, sodass die Teilnahme an einer Sommerakademie für viele gleichzeitig ein „Bildungs-Urlaub" ist.[6] Trotz einer fehlenden übergreifenden Definition von Sommerakademie, kann diese also über die genannten Charakteristika der zeitlich-räumlichen Rahmenbedingungen, Zielsetzungen und Art der Teilnahmeaktivität der Lernenden als Veranstaltungsform näher bestimmt werden.

Heute finden sich in nahezu allen Kulturbereichen und von nahezu allen größeren Organisationen oder Städten durchgeführte Sommerakademien. Ein statistisch geprüfter Überblick über die genaue Anzahl der jährlich stattfindenden Sommerakademien – oder sogar von jenen im Feld der Kulturellen Bildung – liegt derzeit noch nicht vor, was auch einer bisher fehlenden übergreifenden Definition und fehlenden wissenschaftlichen Auseinandersetzungen mit dieser Veranstaltungsform geschuldet sein könnte.

Einen Anhaltspunkt über die Entwicklung und Verbreitung von Sommerakademien in künstlerischen Kontexten in Deutschland und im europäischen Ausland liefert jedoch seit 1993 die monatlich erscheinende Kunstzeitschrift „ART". Jeweils zu Jahresbeginn verschafft eine Sonderausgabe einen Überblick über verschiedene Angebote künstlerischer Auseinandersetzung in den Sommermonaten. Dabei werden sowohl öffentliche als auch private Anbieter sowie unterschiedliche Organisationsformen von Workshops und Werkstätten bis hin zu Künstlerreisen berücksichtigt, wodurch die Vielfalt an Organisations- und Definitionsformen des Begriffes Sommerakademie ihren Ausdruck findet. Im Jahr 1993 wurden für Deutschland 12 Sommerakademien vorgestellt (darunter auch die Marburger Sommerakademie), weitaus weniger für Österreich, die Schweiz, Italien, Frankreich und Norwegen (vgl. ART 1993: 32-37). Bis zum Jahr 2014 kann ein deutlicher quantitativer Anstieg entsprechender Angebote nachvollzogen werden. Für Deutschland werden inzwischen 68 Sommerakademien vorgestellt (die Marburger Sommerakademie als fester Bestandteil). Auch für Österreich, die Schweiz, Italien und Frankreich sind weitaus mehr Akademien und vergleichbare Workshops verzeichnet. Zudem werden nun auch Angebote aus Spanien, Portugal, Griechenland und Bulgarien einbezogen (vgl. ART 2014: 126-148). Sommerakademien verzeichnen also in den letzten zehn Jahren eine veränderte Angebotsstruktur hinsichtlich einer Zunahme an Anbietern und Organisationsformen, was auch auf eine erhöhte Nachfrage schließen lässt.

---

6 An dieser Stelle sei darauf hingewiesen, dass die meisten Sommerakademien im künstlerischen Kontext nicht als Bildungsurlaub anerkannt werden, da sie nicht den Vorgaben der Landesgesetze zur Bildungsfreistellung entsprechen können. So kann von vielen Anbietern der geforderte Anteil an politischer Bildung nicht gewährleistet werden. Zudem ist in den Bundesländer Baden-Württemberg, Bayern, Sachsen und Thüringen ein Bildungsurlaub noch gar nicht möglich (vgl. Bildungsurlaub 2014).

Im Folgenden wird exemplarisch ein Blick auf die Sommerakademie Marburg geworfen, die auch als Fallbeispiel für den empirischen Teil der Arbeit fungierte.

3.2.1 Marburger Sommerakademie

Die im Jahr 1977 gegründete Marburger Sommerakademie für bildende und darstellende Kunst gilt als älteste Sommerakademie Deutschlands. Initiiert wurde die Idee durch Louisa Biland (1925-2008), die als Malerin, Pädagogin im Schulwesen und in der Erwachsenenbildung, Kommunalpolitikerin und ehrenamtliche Stadträtin in der Universitätsstadt Marburg tätig war. Auch andere städtisch organisierte kulturelle Aktivitäten oder Einrichtungen wie die Kindermalschule waren in der Mitverantwortung von Biland, die an der Philipps-Universität Marburg Germanistik und Soziologie studierte. Später schloss sie eine künstlerische Ausbildung am Institut für Malerei und Grafik der Universität Marburg an und besuchte als Teilnehmerin die Sommerakademie Salzburg unter Oskar Kokoschka. Ideen aus dieser „Schule des Sehens" trug sie anschließend nach Marburg zurück, wo sie mit Unterstützung des damaligen Kulturdezernenten Dr. Gerhard Pätzold in Form der heutigen Sommerakademie 1977 erstmalig umgesetzt wurden (vgl. Wittstock 1994 s.p.).

Organisiert wird die Sommerakademie durch den städtischen Fachdienst Kultur, der dem Fachbereich Schule, Bildung, Kultur, Freizeit untergliedert ist. Dieser ist für die Entwicklung, Förderung und Betreuung verschiedener Kunst- und Kulturprojekte im Sinne einer kulturellen Profilierung der Stadt verantwortlich. Die Umsetzung findet über zahlreiche Kooperationen mit vielen lokalen und regionalen kulturellen Einrichtungen und Veranstaltungen statt (vgl. Universitätsstadt Marburg 2014a). Die dreiwöchig laufende Marburger Sommerakademie, die jährlich im August stattfindet, gilt dabei als „das ‚dienstälteste' Marburger Kulturprojekt" (Universitätsstadt Marburg 2014b). Organisatorische Verantwortung trägt die Akademieleitung, die durch je eine Künstlerische Leitung für den Bereich Bildende Kunst und den Bereich Darstellende Kunst unterstützt wird. Letztere sind auch für die Auswahl der Dozent/innen mitverantwortlich, geben Vorschläge ein und rahmen das Programm ihres Bereiches. Die Kurse selbst werden von den Künstlerischen Leiter/innen als auch von mehreren nationalen wie internationalen Künstler/innen geleitet (vgl. Interview mit B6: 13).[7]

---

7 An dieser Stelle wird das Interview mit der Akademieleitung einbezogen, da dieses ein umfassendes Bild von der institutionellen Rahmung liefern konnte. Anders als die Interviews mit den Kursleitenden wurde dieses Interview jedoch nicht in die inhaltsanalytische Auswertung mit einbezogen (vgl. hierzu auch die Ausführungen in Kap. 5.2.4).

Das Programm umfasst etwa 20 Kurse aus dem Bereich der Bildenden und Darstellenden Kunst wie Tanz, Theater und Schauspiel, Bildhauerei, Zeichnen, Malerei oder Drucktechnik. Die Kurse finden in zu dieser Zeit freistehenden Räumen örtlicher Schulen statt, es handelt sich also um eine Mehrfachnutzung städtischer Liegenschaften, wodurch die Teilnahmegebühren gedeckelt werden können (vgl. Interview mit B6: 51).

Darüber hinaus steht den Teilnehmer/innen ebenso wie Nicht-Teilnehmenden ein Begleitprogramm zur Verfügung, über welches weitere Veranstaltungen wie Vorträge oder Ausstellungen angeboten werden. Im Jahr 2012 ermöglichte die Stadt zudem parallel eine Ausstellung, die die Werke der Dozierenden präsentierte und diesen damit eine weitere öffentliche Plattform bot. Während die erste Sommerakademie noch mit 50 Teilnehmenden startete, verzeichnete die Stadt Marburg im Jahr 2014 326 Kursplätze, die an 259 Teilnehmer/innen vergeben wurden. Der Anteil weiblicher Teilnehmerinnen lag bei 85%, Schüler/innen und Studierende waren zu 12% vertreten, Rentner/innen und Pensionierte machten 25% der Teilnehmerschaft aus. 24% der Teilnehmer/innen kamen aus Marburg, 44% aus anderen hessischen Orten, 28% aus anderen Bundesländern und 4% aus dem Ausland (Schweiz, Italien, Rumänien und Frankreich). Dabei konnten je zwei Stipendien an Teilnehmer/innen aus Poitiers (Frankreich) und Sibiu (Rumänien) vergeben werden (vgl. Universitätsstadt Marburg 2014c).

Wie bereits in Kap. 2.3.1 angeschnitten, werden Künstler/innen immer häufiger auch im Feld der Kulturvermittlung tätig. In der Marburger Sommerakademie dozieren Künstler/innen aus verschiedenen Bereichen, die eine künstlerische Ausbildung an nationalen und internationalen Hochschulen absolviert haben und hauptsächlich als freischaffende Schauspieler/innen, Künstler/innen oder Tänzer/innen bzw. Choreograf/innen tätig sind. Die meisten gehen zudem diversen Lehrtätigkeiten an Kunsthochschulen, Schauspielschulen oder Akademien nach (vgl. Fachdienst Kultur der Universitätsstadt Marburg 2014). Um ein genaueres Bild des Programmes und letztlich von den unterschiedlichen professionellen Hintergründen der Lehrenden zu erhalten, werden im Folgenden die Begriffe Bildende und Darstellende Künste in ihren Bedeutungshorizonten in einem Exkurs geklärt.

3.2.2 Bildende und Darstellende Künste als Themenfelder der Kulturvermittlung

Im Jahr 2014 wurden im Bereich der Bildenden Kunst Kurse zur Bildhauerei, Porträtzeichnen und -malen, Figürliches Modellieren, Comickunst, Freie Zeichnung und Malerei, Aktmalerei und -zeichnen sowie Landschaftsdarstellung angeboten. Auch Kurse zu bestimmten Techniken wie Linolschnitt und Kaltnadelradierung oder Grundlagen künstlerischen Gestaltens waren Teil des Programms. Im Bereich der Darstellenden Kunst waren Kurse zum Schauspiel, Pantomime, zeitgenössischer Tanz, Improvisationstheater sowie ein Clownskurs zu finden (vgl. Fachdienst Kultur der Universitätsstadt Marburg 2014). Darüber zeigt sich bereits, dass Bildende und Darstellende Kunst Sammelbegriffe für eine Vielzahl künstlerischer Ausdrucksmöglichkeiten sind.

Bildende Künste: Grafik und Malerei, Bildhauerkunst

Unter dem Begriff Bildende Künste werden verschiedene Kunstformen wie die Malerei und Grafik oder die Bau- und Bildhauerkunst zusammengefasst, deren Kunstprodukte einen abbildenden Charakter haben, bzw. ein Bild von etwas zeigen, darstellen oder repräsentieren (vgl. Jahn 1995: 91). Gleichzeitig rückt mit dem Blick auf den bildenden Künstler auch der Aspekt des Hervorbringens, des Bildens in den Vordergrund, sodass der Künstler als schaffendes, produktives Wesen Bedeutung erhält. Insbesondere Johann Wolfgang von Goethe verwendete den Begriff intensiv, wodurch er auch im Kontext des neuhumanistischen Bildungsverständnisses, wie es auch von Friedrich Schiller vertreten wurde, Einbettung erfuhr (vgl. Kap. 2.1.2). Der semantische Verweis auf das Wechselverhältnis von Kunst und Bildung stand somit in engen Zusammenhang mit der Idee des menschlichen Schöpfungspotenzials (vgl. Held 2007: 21).

Zu den Wirkweisen der Bildenden Künste sowohl für den Produzenten als auch den Rezipienten hat sich auch Klaus Mollenhauer diskursprägend geäußert. Indem er ästhetischen Objekten wie Kunstwerken den Status von Erkenntnismedien zuspricht, versucht er über das Gehen von „Umwegen" (Mollenhauer 1986: 10) einen interdisziplinären Austausch zwischen Kunst- und Erziehungswissenschaften herzustellen. Die Grundaufgabe des Erziehenden sei die Begleitung der Identitätsbildung, die nur über die Eröffnung aller möglichen Erkenntniswege sichergestellt werden könne, weshalb eine „Verknüpfung des pädagogischen Interesses mit diesen Materialien unserer Kultur" (ebd.: 11) notwendig sei. Insbesondere die Bildende Kunst sei in der Lage, nicht nur (kognitive) Erkenntnisse bezüglich des eigentlichen Bildinhalts abzurufen, sondern auch sinnliche (Ich-) Erfahrungen hervorzubringen, indem das Subjekt sich selbst als ein wahrnehmendes Wesen erkennt (vgl. ebd.).

Auch Käte Meyer-Drawe betont diesen Aspekt der Eigenwahrnehmung durch die Auseinandersetzung mit Bildender Kunst, indem sie ästhetische Erfahrungen als vordergründig leibliche Erfahrungen beschreibt (Meyer-Drawe 1991: 96). Das haptische Ergründen des formbaren Materials in der Bildhauerkunst, das Experimentieren mit Farbe beim Malen oder das Entwickeln eines eigenen Duktus beim Zeichnen sind damit wichtiger Teil kultureller Bildungsprozesse im Kontext der Bildenden Kunst.

Darstellende Künste: Tanz und Theater

Der Begriff Darstellende Künste umfasst verschiedene Formen der Bühnenkunst wie klassische Dramenaufführungen, Tanz, Performance oder auch Figurentheater. In der Marburger Sommerakademie gehören insbesondere Tanz- und Theaterangebote zum Repertoire. Tanz als eine nonverbale, körperbezogene Ausdrucksform des Menschen ist – wie eigentlich alle Künste – selbstreferentiell, das heißt auf sich selbst bezogen, zweckfrei und kann über das Reale und Alltägliche hinausweisen. Diese leiblichen Erfahrungen rücken den Körper und seine Ausdrucksmöglichkeiten sowie die sinnliche Erfahrung derselben in den Fokus. Durch das Ausbrechen aus der alltäglichen Bewegung werden dem tanzenden Subjekt neue „Möglichkeitsräume des kreativen und künstlerischen Selbstausdrucks" (Fleischle-Braun 2012: 582) eröffnet. Insbesondere zeitgenössische, transkulturelle Tanzformen können die Reflektion der eigenen und scheinbar fremden Körper- und Bewegungsstrukturen anregen und einen Dialog ermöglichen (vgl. ebd.: 582ff.). Das Tanzen ist zudem durch die Gegenwärtigkeit und damit Vergänglichkeit des Kunstproduktes, also des Tanzes oder der Aufführung, gekennzeichnet. Dies trifft auch auf das Theater(spielen) zu, das außerdem in verstärktem Maße durch das Moment der öffentlichen Aufführung geprägt ist. Die Parallelität von Produktion und Rezeption stellt ein enges und sich bedingendes Verhältnis von Schauspieler/innen und Zuschauer/innen her, sodass das Kunstprodukt letztlich in einem sozial-kommunikativen Prozess zwischen diesen entsteht. Die Illusion einer anderen Wirklichkeit wird dabei durch ein vielfältiges Repertoire an Ausdrucksformen hergestellt. Neben den leiblichen und verbalen Äußerungen der Spielenden, tragen auch die Bühnenarchitektur und -atmosphäre durch die Licht-, Farben- und Tongestaltung zur Wahrnehmung des Stücks bei (vgl. Reinwand 2008: 26ff.). Das Erfahren einer anderen Wirklichkeit, in der „das Handeln der Figuren als konsequenzverminderten Probehandeln" (Taube 2012: 616) wirksam werden kann, betrifft demnach nicht nur den Rezipienten, sondern auch den Produzenten. Im Spiel kann das eigene Kunstschaffen erlebt, die Umwelt reflektiert und im Sinne des Boal'schen „Theater der Unterdrückten" neue Möglichkeiten des sozialen, gesellschaftlichen und politischen Handelns erprobt werden (vgl. Staffler 2009: 26f.). Wie in Kap. 2.1.2 beschrieben, lässt sich dieser Gedanke, Freiheit durch Kunst zu erfahren, schon bei Schiller festhalten. Besonders im Spiel könne der Mensch zu sich selbst finden: „Der Mensch spielt nur, wo er in voller Bedeutung des Worts Mensch ist, und er ist nur da ganz Mensch, wo er spielt" (Schiller 1960.: 41).

So ergänzen sich im Programm der Marburger Sommerakademie Kursangebote, die eine individuelle Auseinandersetzung mit dem materiellen Kunstschaffen und -rezipieren ermöglichen und solche, die stärker auf kollektiv-kommunikative Formen des künstlerischen Ausdrucks abzielen. Die Vermittlung der dazu nötigen Fähig- und Fertigkeiten sowie die Initiierung und Begleitung der Lernprozesse wird durch die Kursleitenden geleistet.

4 Zwischenfazit und ausgemachte Literatur- und Forschungsdesiderata

Über die erfolgte historische, theoretische und statistische Annäherung an den Themenkomplex „Sommerakademien im Kontext von Kultureller Bildung" wurde deutlich, dass die definitorische Offenheit gegenüber verschiedenen Formen und Ausgestaltungsmöglichkeiten Kultureller Bildung auch für die spezielle Veranstaltungsform Sommerakademie große Gestaltungs- und Handlungsfreiräume bedeutet. Im Rahmen der humanistisch geprägten Ideengenese einer durch die Auseinandersetzung mit ästhetisch-kulturellen Objekten und Tätigkeiten stattfindenden Identitätsentwicklung und dem wachsenden bildungspolitischen Anspruch, jedem Bürger kulturelle Teilhabe zu ermöglichen, bietet die Sommerakademie diverse Möglichkeiten, sich diesen Vorstellungen und Zielen zu stellen. Insbesondere in der nicht-berufsbezogenen Weiterbildung stehen solche nicht traditionellen Veranstaltungsformen hoch im Kurs, in denen der Selbsterfahrungs- und Erlebnischarakter im Fokus steht. In diesem Kontext erwies sich die Rolle des Kursleiters als Initiator und Begleiter kultureller Lernprozesse als entscheidender Faktor für das Gelingen kultureller Bildungsveranstaltungen. Die Berücksichtigung der Handlungsmaximen wie Freiwilligkeit, Partizipation und Selbstwirksamkeit erfordert ein auf fachliche Ausbildung und berufliche Erfahrung gestütztes professionelles Handeln. Dies wiederum wird jedoch auch stark durch die spezifische Veranstaltungsform beeinflusst, da diese einen wichtigen Ordnungsrahmen für das Kursgeschehen darstellt. Das intensive Arbeiten in ungewohnten Umgebungen ist dabei das wichtigste Charakteristikum einer Sommerakademie, an dem sich die Lehrenden orientieren und welches Teil der inhaltlichen, organisatorischen und didaktischen Planung und Durchführung sein muss.

Ein Blick auf aktuelle Forschungsprojekte, die im Bereich der Kulturellen Bildung anzusiedeln sind, offenbart, dass trotz des oben ausgeführten zugeschriebenen Stellenwertes der Kursleiterrolle, in dieser Perspektive deutliche Forschungs- und Literaturdesiderata auszumachen sind. Insgesamt können die Untersuchungen folgenden Kategorien zugeordnet werden:

- Struktur der Kulturellen Bildung
- Grundlagenforschung

- Wirkungsforschung
- Evaluation von Programmen und Maßnahmen

Dabei dominieren insbesondere Untersuchungen zu Transfereffekten kultureller Bildung im schulpädagogischen Bereich, die den Blick auf die Teilnehmenden der Angebote lenken (vgl. Rittelmeyer 2012: 928). Der Blick auf die Kursleitenden kultureller Bildungsveranstaltungen (insbesondere der Erwachsenenbildung/ Weiterbildung) und ihr professionelles Handeln wird hingegen eher vernachlässigt. Einen wichtigen Ausgangspunkt für dieses Themenfeld bietet indes der Sammelband „Kulturelle Bildung. Ein Leitfaden für Kursleiter und Dozenten" vom DIE, welcher in die grundlegenden Begriffe und unterschiedlichen Bezugsfelder einführt, praxisrelevante Orientierungshilfen und Methodenwissen liefert, die Bandbreite möglicher Handlungsfelder verdeutlicht und die unterschiedlichen Rollen von Teilnehmenden und Kursleitenden thematisiert (vgl. Stang et al. 2003).

Auch das Thema Sommerakademien als Veranstaltungsform findet kaum Beachtung in wissenschaftlichen Auseinandersetzungen oder Untersuchungen. Zwar finden Sommerakademien, wie bereits in Kap. 3.2 näher beleuchtet, zunehmend Anklang als gewählte Veranstaltungsform. Die Charakteristika und die damit einhergehenden Potenziale und Herausforderungen der Sommerakademie, die diese für die Kulturelle Bildung, die Teilnehmenden und Lehrenden bietet, werden jedoch selten diskutiert. In dem eben benannten Sammelband vom DIE beispielsweise werden Sommerakademien zwar als wichtige Alternativen zu „den „großen" Erwachsenenbildungseinrichtungen wie Volkshochschulen und konfessionellen Bildungsträgern" (Peez 2003: 24) benannt, eine explizite Annäherung an den Begriff und die Ausgestaltungsmöglichkeiten der Veranstaltungsform bleiben jedoch aus.

Im Anschluss an die nun zusammengefassten Ausführungen zu dem Themenkomplex „Sommerakademien im Kontext von Kultureller Bildung", die den theoretischen Hintergrund der Arbeit bilden, wird im Folgenden der sich daran anschließende Forschungsprozess aufgezeigt, der die bisherigen Ergebnisse durch empirische Erkenntnisse zu dem ausgemachten Forschungs- und Literaturdesiderat ergänzen und erweitern soll.

5 Forschungsprozess und -methodik

Um sich dem beschriebenen Themenkomplex „Sommerakademien als Veranstaltungsform in der Kulturellen Bildung" mit Blick auf die Kursleitenden explorativ zu nähern, wurden für die vorliegende Untersuchung empirische Daten erhoben und ausgewertet. In diesem Kapitel wird das konkrete Vorgehen der Datenerhebung und -auswertung erläutert, um diesbezüglich Nachvollziehbarkeit und Transparenz zu schaffen. Dabei soll zunächst die leitende Forschungsfrage vorgestellt und in dem Zuge die grundlegende Forschungsausrichtung, also das qualitative Vorgehen, begründet werden. Im Anschluss daran wird das Vorgehen der Datenerhebung dargelegt, indem das Instrument derselben, nämlich das leitfadengestützte Expert/innen-Interview, vorgestellt wird. Nach einer kurzen Beschreibung der Bildung des Samples und des Feldzugangs, wird die Konzeption des Leitfadens, der als Basis für die Interviews diente, näher ausgeführt. Auch die konkrete Durchführung der Interviews sowie die Aufbereitung der Daten soll hier kurz vorgestellt werden. Die anschließenden Erläuterungen zur Auswertung des Datenmaterials beziehen sich auf die Beschreibung der Ziele und das Vorgehen bei der computergestützten, inhaltlich strukturierenden qualitativen Inhaltsanalyse.

5.1 Leitende Forschungsfrage und Forschungsausrichtung

Aus den im Kapitel 2 und 3 ausgeführten Aspekten zum Gegenstand und relevanten Kontexten Kultureller Bildung sowie zu Sommerakademien als Veranstaltungsformen der Kulturellen Bildung lässt sich ableiten, dass die Dozierenden einer Sommerakademie mit vielfältigen Rahmenbedingungen und Diskursen konfrontiert sind. Die grundlegende Aufgabe, kulturelle Teilhabe zu ermöglichen, indem (Selbst-) Bildungsprozesse durch kulturell-ästhetische Erfahrungen initiiert und begleitet werden, wird so durch die Ideengenese der Kulturellen Bildung, den bildungspolitischen Interessen sowie einem spezifischen Verständnis von Profession und professionellem Handeln gerahmt. Im Kontext dieser Einflussfaktoren wird daher folgende forschungsleitende Fragestellung fokussiert:

Welche Potenziale und Herausforderungen bietet die Veranstaltungsform Sommerakademie im Kontext der Kulturellen Bildung für die Kursleiter/innen, um der Rolle des Initiators und Begleiters kultureller Bildungsprozesse gerecht zu werden?

Mit Blick auf die genannten Aspekte aus den historischen, theoretischen, statistischen und aktuell diskursprägenden Vorüberlegungen werden folgende Unterfragen mitgedacht:

- Welche Rahmenbedingungen Kultureller Bildung beeinflussen inwiefern die Vermittlungsarbeit in der Sommerakademie?
- Inwiefern beeinflusst der Ordnungsrahmen und die daraus resultierenden Charakteristika der Veranstaltungsform Sommerakademie das Handeln der Dozierenden?
- Welches Selbst- und Professionsverständnis lenkt das Handeln der Dozierenden?
- Welches Aufgabenverständnis liegt dem Handeln der Dozierenden zugrunde?

Für die Forschungsausrichtung bedeutet dies zunächst die Entscheidung für ein qualitativ angelegtes Vorgehen. Während bei der quantitativen Forschung durch zahlenmäßig große Erhebungen Einschätzungen und Aussagen über bestimmte Zusammenhänge, Verläufe, Kausalitäten und Abhängigkeiten getroffen werden sollen, bei denen insbesondere Wert auf statistische Repräsentativität gelegt wird, zeigt sich der qualitative Forschungsansatz eher geeignet für ein exploratives und hermeneutisches Erkenntnisinteresse (vgl. Nuissl 2010: 59). Im Fokus stehen dabei die Beschreibung und Analyse subjektiver Sichtweisen, (latenter) Sinnstrukturen sowie Handlungs- und Deutungsmuster, die einen verstehenden Einblick in verschiedene Prozesse der Interaktion, Organisation und Sozialisation erlauben. So kann die subjektive Sicht auf ein Thema in seinen einzelnen Facetten tiefergehend untersucht und erkundet werden, um neue oder erweiterte Erkenntnisse zu einem Thema zu gewinnen. Qualitative Forschung umfasst also verschiedene Hypothesen- und Theoriegenerierende Verfahren in Abgrenzung zu den Hypothesen- und Theorieprüfenden Methoden der quantitativen Sozialforschung (vgl. Bennewitz 2013: 44 ff.).

Da zu dem behandelten Thema bisher kaum Ergebnisse aus wissenschaftlichen Untersuchungen vorliegen, soll also eine explorative Annäherung stattfinden, in der die subjektiven Wahrnehmungen, Einschätzungen und Beurteilungen aus Sicht der Kursleiter/innen rekonstruiert werden.

Charakteristisch für einen qualitativen Forschungsprozess ist ein zirkuläres Vorgehen, das eine grundsätzliche Entwicklungsoffenheit gegenüber der Forschungsperspektive und -frage sowie dem Forschungsablauf zulässt, sodass im Prozess auftretende relevante Hypothesen und Fragen integriert werden können (vgl. Bennewitz 2013: 47f.). Dies bedeutet jedoch keinesfalls eine „Beliebigkeit" (ebd.: 47) im methodischen Vorgehen der Datenerhebung und –auswertung, die vielmehr von einem planmäßigen und systematischen Vorgehen gekennzeichnet sind, welches im Forschungsdesign transparent dargestellt werden soll. Dadurch soll die Beantwortung der Forschungsfrage gewährleistet und das Forschungsverfahren kontrollierbar gemacht werden (vgl. Flick 2014: 77.). Im Folgenden wird deshalb das geplante Vorgehen der Datenerhebung und Auswertung des Materials zur Beantwortung der Forschungsfrage genauer erläutert.

5.2 Die Datenerhebung

5.2.1 Das leitfadengestützte Expert/innen-Interview

Die Datengewinnung in einer qualitativen Untersuchung findet typischerweise in einem kommunikativen Prozess zwischen den Forschenden und den Untersuchungsteilnehmenden statt. Die Befragung, z.B. in Form eines Interviews, ist dabei eine häufig genutzte Datenerhebungsmethode, bei der sich Interviewer/in und Befragte/r in einer meist unidirektionalen Frage- und Antwort- bzw. Erzähl-Situation befinden mit dem Ziel der Erhebung von Auskünften und Beschreibungen der Befragten (vgl. Friebertshäuser, Langer 2013: 438). Dabei kann je nach Erkenntnisinteresse auf eine Vielzahl an Interviewtechniken zurück gegriffen werden, die grob in vorstrukturierende und offene Befragungsformen sowie diverse Mischformen unterschieden werden können. Leitfaden-Interviews begrenzen und strukturieren durch eine gezielte Auswahl an Fragen und deren variable Reihenfolge in einzelnen Themenkomplexen den Antworthorizont. Für die Generierung des Leitfadens muss deshalb ein gewisses Vorverständnis bezüglich des interessierenden Themas vorhanden sein, was sich aus der Auseinandersetzung mit theoretischen und/oder empirischen Vorüberlegungen sättigt. Darüber hinaus sollte den Interviewten aber auch die Möglichkeit gegeben werden, Themen zu ergänzen oder zu vertiefen, um die Bandbreite relevanter Inhalte nicht zugunsten einer strikten „Leitfadenbürokratie" zu beschneiden. Der Leitfaden ermöglicht letztlich trotz eines situationsbedingten Einsatzes die Vergleichbarkeit der Ergebnisse zwischen den einzelnen Interviews (vgl. ebd.: 439f.).

In der vorliegenden Arbeit wurden mit Hilfe eines solchen das Gespräch strukturierenden, aber flexibel handhabbaren Leitfadens sogenannte Expert/innen-Interviews durchgeführt. Das leitfadengestützte Expert/innen-Interview dient der „Rekonstruktion komplexer Wissensbestände" (Meuser, Nagel 2013: 457), die sich auf bestimmte Entscheidungsstrukturen, Handlungsmaximen und -routinen sowie (implizites) Erfahrungswissen beziehen. Eine solche „Erfassung von praxisgesättigtem Expertenwissen" (ebd.) wird oft zu explorativen Zwecken eingesetzt, um erste systematische Einblicke in diverse Wirkungszusammenhänge von gesellschaftlichen Anforderungen, organisatorischen und institutionellen Kontexten sowie individuellem Handeln zu erhalten (vgl. ebd.: 458). Die Expertin oder der Experte verfügt also über ein aufgrund der arbeitsteilig organisierten Gesellschaft notwendiges „Sonderwissen" in Abgrenzung zum Allgemeinwissen, welches sich über bestimmte institutionelle Kontexte generiert, also an eine bestimmte Berufsrolle oder gar Profession gebunden ist. Der „geteilte institutionell-organisatorische Kontext der Expertinnen" (ebd.: 466) spielt demnach eine wichtige Rolle sowohl für die individuellen als auch kollektiven Erfahrungs- und Handlungsmuster, die das Wissen und die Praxis der Akteure prägen. Die biographische Motiviertheit tritt also stärker in den Hintergrund zugunsten einer Perspektive auf den Funktions- und Handlungskontext des Akteurs. Dieses Sonderwissen liegt den Expert/innen sowohl in bewusster Form vor, auf das sie reflexiv zurückgreifen können, als auch in impliziter Form, was das (Entscheidungs-)Handeln zwar beeinflusst, aber nicht unbedingt bewusst ist (vgl. ebd.: 462 f. In diesem Kontext und mit Verweis auf den modernisierungstheoretischen Diskurs um eine sich entwickelnde Wissensgesellschaft, rückt aber auch der Umgang mit Nicht-Wissen und der ständig geforderten Wissenserweiterung in den Fokus. Auch die in vielen Bereichen für Expert/innen geforderte interdisziplinäre Auseinandersetzung mit diversen Thematiken und damit das Zurechtfinden bei einem solchen „Streifzug durch fremdes Terrain" (Mollenhauer 1986: 38), rahmt in der vorliegenden Arbeit das Interesse am Handeln der Expert/innen. So befinden sich auch die Kursleitenden einer Sommerakademie, wie schon in Kap. 3.3.2 beschrieben, in einem Spannungsverhältnis zwischen künstlerischer und pädagogischer Profession, was ihre Denk-, Wahrnehmungs- und Handlungslogiken als Expert/innen mitprägt.

Die durchgeführten leitfadengestützten Expert/innen-Interviews sollen also zugleich das Abrufen der für die Beantwortung der Forschungsfrage relevanten Informationen gewährleisten, als auch die Möglichkeit bieten, unerwarteten relevanten Inhalten und damit der Expertise der Interviewten Raum zu geben.

5.2.2 Konstruktion des Interviewleitfadens

Wie bereits beschrieben, bietet der Interviewleitfaden für den/die Interviewende/n eine Orientierung in der Interviewsituation. Die im Leitfaden festgehaltenen relevanten Themenkomplexe und die dazugehörigen Leitfragen müssen situationsbedingt zur Sprache gebracht werden. Abweichungen vom Leitfaden ergeben sich also dann, wenn bestimmte Themen nachgefragt werden müssen, wenn sich neue Themen ergeben oder wenn Themen anders aneinander angeschlossen werden (vgl. Gläser; Laudel 2010: 142 f.). Trotz dieses flexiblen Umgangs mit dem Leitfaden, soll dieser „Gewöhnungsprozessen und impliziten Wandlungen des Erkenntnisinteresses" (ebd.: 143) vorbeugen, die im Forschungsprozess auftreten können.

Für die Leitfadenkonstruktion wird ein gewisses Vorverständnis bezüglich des interessierenden Themas vorausgesetzt (vgl. ebd.: 149). Für den vorliegenden Leitfaden speist sich dies aus den historischen, theoretischen und statistischen Vorüberlegungen zu den Themen „Kulturelle Bildung" und „Sommerakademien". Der Leitfaden (siehe A.1) ist insgesamt in fünf Themenblöcke unterteilt:

Die Eröffnung des Interviews beginnt mit der *Einordnung des berufsbiographischen Kontextes* bezüglich der Sommerakademie Marburg, indem nach dem Bezug zur Akademie und der Motivation gefragt wird, dort als Kursleiter/in tätig zu werden. An diesen Einstieg schließt sich der größte Block an, der mit Blick auf die *Akteursperspektive* verschiedene Aspekte der Kursleitertätigkeit beleuchtet. Dabei wird zunächst nach dem Selbst- und Rollenverständnis als Kursleiter/in und einer Beschreibung des Anforderungs- und Kompetenzprofils gefragt. Dem folgend rücken die Potenziale und Herausforderungen für das Lehren und Handeln an einer Sommerakademie in den Fokus. Dabei wird insbesondere nach Möglichkeiten und Grenzen für das professionelle Handeln gefragt, die die Veranstaltungsform Sommerakademie birgt. Daran anknüpfend wird noch mal spezifischer auf das in der theoretischen Auseinandersetzung aufgezeigte Spannungsfeld zwischen künstlerischen und pädagogischen Anforderungen hingeleitet, indem nach der Auseinandersetzung mit pädagogischen Fragestellungen und Themen gefragt wird. Der dritte Block beschäftigt sich intensiver mit dem *Kontext Kulturelle Bildung*, genauer gesagt mit dem Begriffsverständnis zu Kultureller Bildung aus Sicht der Befragten und der möglichen Einflussnahme dieses Verständnisses auf das eigene Handeln. Einen zweiten Punkt in diesem Block bildet die Frage nach dem Umgang mit dem in der theoretischen Auseinandersetzung thematisierten Legitimationsdruck, dem Kulturelle Bildung oft ausgesetzt ist. Unter dem Themenblock *zur Sommerakademie als Lehr- und Lernform* wird der Stellenwert von Sommerakademien im

Feld der Kulturellen Bildung und speziell im Tätigkeitsprofil der Befragten erfragt. Der letzte Teil leitet zu *Zukunftsaussichten und Perspektiven* über und fokussiert mögliche Entwicklungsszenarien für die Veranstaltungsform Sommerakademie im Kontext der Kulturellen Bildung und für die dort tätigen Kursleiter/innen. Zuletzt wird den Befragten immer auch die Möglichkeit von Vertiefungen oder Ergänzungen gegeben.

5.2.3 Bildung des Samples und Feldzugang

Die Wahl des übergeordneten Falles, also der konkreten Sommerakademie, in der die ausgewählten Interviewpartner/innen tätig sind, erfolgte in Anlehnung an das sogenannte „Pursposive Sampling" (Flick 2014: 95), das eine zielgerichtete bewusste Auswahl vorsieht. Das dafür festgelegte Kriterium folgt in Anlehnung an Flick dem des „Extremfalls", den „ein besonders langer Verlauf einer Entwicklung (...) kennzeichnet" (ebd.: 95). Es sollte sich demnach um eine bereits etablierte, das heißt überregional bekannte und besuchte Sommerakademie handeln, die auf einen länger zurückliegenden Gründungszeitpunkt und eine entsprechende Entwicklungsgeschichte verweisen kann. Da die Marburger Sommerakademie für Bildende und Darstellende Kunst als älteste Sommerakademie Deutschlands (Gründungsjahr 1977) diese Kriterien erfüllte, fiel die Wahl letztlich auf diese.[8]

Auch die sich anschließende Auswahl möglicher Interviewpartner/innen, erfolgte in Anlehnung an das „Purposive Sampling" nach Flick. Das soll an diesem Punkt sicherstellen, dass die für die Beantwortung der Forschungsfrage relevanten Akteure in den Forschungsprozess einbezogen werden. Grundlage für ein solches Auswahlverfahren sind die für das Erkenntnisinteresse als besonders relevant eingestuften Eigenschaften der Fälle (vgl. Kuckartz 2014a: 85). Die zu Beginn der Untersuchung festgelegten Kriterien bei der Auswahl der Expert/innen folgen nach Flick (2014) dem Prinzip der „unterschiedlichen Intensität" bezüglich der interessierenden Eigenschaften (ebd.: 85). So wurden mit Blick auf die Forschungsfrage gezielt Fälle ausgewählt, bei denen sich die Berufserfahrung, der fachliche Hintergrund und die innerorganisationale Zuständigkeit in unterschiedlicher Ausformung und Intensität zeigen: Neben Kursleiter/innen mit jahrzehntelanger Erfahrung in der Sommerakademie Marburg, wurden auch solche mit kürzeren Erfahrungshintergründen ausgewählt. Zudem sollten sowohl Kursleiter/innen aus dem Bereich der Bildenden Kunst als auch

---

8 Die konkrete Vorstellung des Falles erfolgte bereits in Kap. 3.3, da aufgrund der vielfältigen Definitions- und Ausgestaltungsmöglichkeiten der Veranstaltungsform so eine stärkere begriffliche und inhaltliche Annäherung stattfinden konnte.

aus dem Bereich der Darstellenden Kunst vertreten sein. Zuletzt sollten außerdem neben Kursleiter/innen, die hauptsächlich in der Lehre tätig sind, auch solche Kursleiter/innen ins Sample aufgenommen werden, die zu der Lehrtätigkeit auch eine leitende Funktion für einen der Grundbereiche innehaben. So kann der maximalen Breite des Expert/innen-Wissens im Sample Rechnung getragen werden.

Der Feldzugang erfolgte in einem ersten Schritt über die Sondierung der auf der Internetseite der Sommerakademie Marburg platzierten Vorstellung der im Jahr 2014 tätigen Kursleiter/innen, die mit ausführliche Viten ergänzt wurden. So war es möglich, die relevanten Auswahlkriterien zu berücksichtigen. Die ausgesuchten potenziellen Interviewpartner/innen wurden daraufhin per E-Mail kontaktiert, in der eine knappe, aber präzise Beschreibung des Forschungsvorhabens erfolgte. Darüber konnten fünf Interviewpartner/innen gefunden werden, die sich für ein Interview bereit erklärt haben[9]

5.2.4 Darstellung des erhobenen Materials und Interviewablaufs

Die konkrete Auswahl der Interviewpartner/innen konnte den Pl.: Vorstellungen des Samplings entsprechen. Es konnten fünf Expert/innen-Interviews mit drei weiblichen und zwei männlichen Kursleiter/innen geführt werden, wobei der/die jüngste Teilnehmer/in zum Zeitpunkt des Interviews 36 Jahre und der/die älteste Interviewte 64 Jahre alt ist. Alle Befragten haben eine universitäre künstlerische Ausbildung absolviert und sind hauptsächlich als freie Künstler/innen tätig. Darüber hinaus sind die Befragten als Dozent/innen an verschiedenen Hochschulen, Kunstschulen, Museen sowie an weiteren Sommer- oder Winterakademien eingespannt. Während bei einem/einer Befragten die erste Anstellung an der Marburger Sommerakademie vor der deutschen Wiedervereinigung erfolgte, stiegen die anderen Interviewten zwischen den Jahren 2005 und 2009 ein, sodass die Befragten auf unterschiedlich lange Erfahrungsräume in diesem Kontext zurückgreifen können. Vier Interviewpartner/innen dozieren im Bereich der Bildenden Kunst, während ein/e Befragte/r dem Bereich Darstellende Kunst zuzuordnen ist. Zwei der Befragten sind zudem mit leitenden Aufgaben in je einem der beiden Hauptbereiche betraut.

Die konkrete Durchführung der Interviews fand jeweils am Hauptarbeitsplatz der Befragten statt, also in den Ateliers, Theaterstätten oder Unterrichts-

---

9   Ein sechstes Interview wurde mit der Akademieleitung durchgeführt (wofür auch ein modifizierter Leitfaden angefertigt wurde), da darüber ein umfassendes Bild über die Marburger Sommerakademie gewonnen werden konnte. Die hier gewonnenen Informationen flossen in die Institutionenbeschreibung (Kap. 3.3) ein, wurden jedoch nicht in die inhaltsanalytische Auswertung einbezogen.

räumen der Künstler/innen. Im Sinne des Prinzips der informierten Freiwilligkeit (vgl. Gläser, Laudel 2010: 144) begannen die Interviews mit der Aufklärung der Befragten über das Thema der vorliegenden Arbeit, Ziel der Untersuchung und der Verwendung der gewonnene Daten durch eine Transkription und qualitative Auswertung der Daten. Auch die Zusicherung über die Wahrung der Anonymität der befragten Person und die Klärung offen gebliebener Fragen werden zu Beginn des Interviews gewährleistet. Die Interviews wurden anschließend mit Hilfe eines digitalen Aufnahmegerätes aufgezeichnet, um eine anschließende anonymisierte Transkription erstellen zu können. Auf Wunsch der Befragten, wurden die Aufnahmen danach gelöscht. Insgesamt weisen die Interviews eine Dauer von 45 Minuten bis 70 Minuten auf.[10]

Das Vorgehen bei der Auswertung dieses Materials wird im folgenden Kapitel erläutert.

5.3 Auswertung des Datenmaterials

5.3.1 Aufbereitung der Daten durch Transkription und Anonymisierung

Der Analyse der Daten ist eine gründliche Aufbereitung durch die Verschriftlichung der Aufzeichnungen vorangestellt. Die Genauigkeit bei diesem Vorgehen sichert auch zu späteren Zeitpunkten, die Untersuchungssituation rekonstruieren zu können und ist Voraussetzung für eine datennahe und in den Daten begründete Interpretation (vgl. Flick 2014: 139). Für die vorliegende Arbeit wurde eine Volltranskription vorgenommen. Die zuvor festgelegten Transkriptionsregeln orientieren sich dabei an dem einfachen Transkriptionssystem von Dresing und Pehl (2011), welches den Schwerpunkt auf einen verständlichen Interviewinhalt legt (vgl. ebd.: 13 ff.).

Eine anschließende Anonymisierung soll im Sinne des Datenschutzes gewährleisten, dass keine Rückschlüsse auf die befragten Personen vorgenommen werden können. Namen, Orte, Einrichtungen oder spezielle Begriffe, die Hinweise auf die interviewte Person geben, werden durch entsprechende Platzhalter wie „Name" oder „Heimatstadt" ersetzt. Dies soll trotz der Anonymisierung durch entsprechende Oberbegriffe für ein grundlegendes und nicht verfremdetes Verständnis des Textes sorgen.

Im Folgenden wird das Vorgehen bei der weiteren Verarbeitung der Daten durch die inhaltlich strukturierende qualitative Inhaltsanalyse dargestellt.

---

10 Im Durchschnitt betrug ein Interview 58 Minuten, insgesamt wurden 290 Minuten Datenmaterial erhoben.

5.3.2 Die inhaltlich strukturierende qualitative Inhaltsanalyse

Da es sich bei der vorliegenden Untersuchung um ein qualitativ angelegtes Forschungsprojekt mit einem explorativen und hermeneutischen Erkenntnisinteresse handelt, richtet sich auch die Datenauswertung, die in einem unmittelbaren Zusammenhang mit der leitenden Forschungsfrage und der Datenerhebung sowie dem gewonnenen Datenmaterial steht, nach dieser begründeten Forschungsausrichtung. Spezifischer wird das Material durch eine qualitative Inhaltsanalyse ausgewertet, durch die in einem systematischen Verfahren die erkenntnisrelevanten Informationen aus den Verschriftlichungen herausgearbeitet werden, indem diese durch die Entwicklung von Kategorien und einer anschließenden Kategorisierung strukturiert und interpretativ verarbeitet werden. In Deutschland hat vor allem Philipp Mayring zu Beginn der 1980er Jahre die Entwicklung der qualitativen Inhaltsanalyse geprägt. Mit seinem Verfahren erhebt er den Anspruch, sowohl hermeneutisch, als auch theorie- und regelgeleitet vorzugehen (vgl. Mayring 2010: 13). Immer wieder wurde jedoch Kritik laut, dass das Mayringsche Modell zu stark an quantitativen Analyseverfahren orientiert sei. Zwar wären die Schritte der Kategorienbildung und Kodierung qualitative Schritte, aber Ziel und Ergebnis seien letztendlich Häufigkeitsanalysen bezüglich der Kategorien. Gläser und Laudel kritisieren zudem, dass nach Mayring ein theoretisch abgeleitetes, geschlossenes Kategoriensystem angewendet wird, welches ein aus den Daten generiertes induktives Vorgehen erschwere (vgl. Gläser, Laudel 2010: 198f.). Inzwischen kann auf eine Vielzahl an Formen qualitativer inhaltsanalytischer Datenauswertungsmethoden zurückgegriffen werden. Kuckartz (2014b) nimmt über die Darstellung dreier „Basismethoden" eine entsprechende Systematisierung und Einordnung der verschiedenen Techniken und Methoden vor: Die inhaltlich strukturierende qualitative Inhaltsanalyse, die evaluative qualitative Inhaltsanalyse und die typenbildende qualitative Inhaltsanalyse. Insgesamt kann festgehalten werden, dass es sich bei allen Zugängen um systematische, regelgeleitete Methoden handelt, denen die Zentralität der kategorienbasierten Auswertung gemeinsam ist (vgl. Kuckartz 2014b: 75f.). Eine Kategorie ist dabei das Ergebnis einer Klassifizierung der Einheiten, z.B. Aussagen, wodurch ein Gegenstand, z.B. ein Text, strukturiert und dem Erkenntnisvermögen zugänglich gemacht wird (vgl. ebd.: 41). Dabei zielt eine evaluative qualitative Inhaltsanalyse auf die Einschätzung, Klassifizierung und Bewertung bestimmter Inhalte ab, indem Kategorien mit meist ordinalskalierten Ausprägungen für die Analyse herangezogen werden (vgl. ebd.: 98). Die typisierende qualitative Inhaltsanalyse hingegen ist auf das Herausarbeiten und Entwickeln von Typen eines sozialen Phänomens und der Analyse ihrer Relationen untereinander fokussiert, wodurch ein Phänomenbereich im Hinblick auf

Ähnlichkeiten und Differenzen erfasst wird (vgl. ebd.: 118). Die inhaltlich strukturierende qualitative Inhaltsanalyse eignet sich indes besonders für explorative Untersuchungen, indem eine Thematik über eine strukturierende, reduzierende Auswertung in ihren für die Forschungsfrage relevanten Dimensionen aufgeschlüsselt wird (vgl. ebd.: 77), weshalb diese für die Beantwortung der Forschungsfrage zielführend erscheint.

Das Vorgehen der inhaltlich strukturierenden qualitativen Inhaltsanalyse umfasst mehrere Phasen, die in zirkulärer Abfolge durchlaufen werden:

- *Phase 1 Initiierende Textarbeit*: Umfasst das Markieren wichtiger Textstellen und das Schreiben von Memos, um einen Überblick über die Fälle und erste Auswertungsideen zu erhalten.
- *Phase 2 Entwicklung von thematischen Hauptkategorien*: Hauptkategorien werden zunächst deduktiv aus der Forschungsfrage und dem theoretischen Bezugsrahmen abgeleitet (in diesem Fall kann dafür der Interviewleitfaden herangezogen werden). Diese können durch weitere in der initiierenden Textarbeit herausgearbeitete Hauptkategorien ergänzt werden.
- *Phase 3 Erstes Codieren des Materials mit den Hauptkategorien*: Kodieren des gesamten Materials durch Zuordnung von relevanten Textabschnitten zu der passenden Kategorie oder zu mehreren in Frage kommenden Kategorien. Voraussetzung dafür ist, dass die Kategorien präzise definiert sind. Außerdem stellt sich hier die Frage nach der Größe der Kodiereinheit, die zumindest so groß sein sollte, dass das kodierte Textsegment auch außerhalb des ursprünglichen Kontextes verständlich ist.
- *Phase 4 Zusammenstellen aller Kodierungen zu einer Hauptkategorie*: Umfasst das Zuordnen aller zu einer Hauptkategorie passenden Textstellen, was einen Überblick über die thematische Breite einer Kategorie verschafft, um im nächsten Schritt eine Ausdifferenzierung vornehmen zu können.
- *Phase 5 Induktives Bestimmen von Subkategorien am Material*: Ausdifferenzierung der Hauptkategorie durch induktive, also aus dem Material heraus begründete Entwicklung von Subkategorien. So wird das Datenmaterial im Detail erfasst.
- *Phase 6 Zweites Codieren des Materials mit dem ausdifferenzierten Kategoriensystem*: Beim zweiten Kodierprozess werden die bisher unter die Hauptkategorien codierten Textstellen den neuen Subkategorien zugeordnet, was einen erneuten vollständigen Durchlauf des Materials erfordert. Es kann hilfreich sein, zum Abschluss dieses Vorgangs fallbezogene thematische Zusammenfassungen zu erstellen.

- *Phase 7 Kategorienbasierte Auswertung und Ergebnisdarstellung*: Im Mittelpunkt des Auswertungsprozesses stehen die entwickelten und codierten Haupt- und Subkategorien. Dabei kann auf verschiedene Auswertungsformen zurückgegriffen werden, die auch untereinander kombinierbar sind. In der vorliegenden Arbeit wurde auf die kategorienbasierte Auswertung entlang der Hauptkategorien zurückgegriffen. Hierbei werden die Ergebnisse derselben in beschreibender und interpretativer Weise präsentiert und durch Ankerbeispiele, also prototypische Zitate, gestützt (vgl. Kuckartz 2014b: 78-94).

Der Prozess der Datenauswertung wurde mit Hilfe von *MAXQDA*, einer Software zur *computergestützten qualitativen Datenanalyse*, durchgeführt. Diese bietet verschiedene Unterstützungsmöglichkeiten für den Auswertungsprozess von der Transkription bis hin zum Kategorienmanagement.

6 Ergebnisse der Auswertung

Die Ergebnisse der qualitativen Inhaltsanalyse werden im Folgenden entlang des entwickelten Kategoriensystems dargestellt. Wie in Kap. 5.3.2 geschildert, erfolgte die Festlegung des Kategoriensystems zunächst durch die deduktive Entwicklung thematischer Hauptkategorien, die aus der Forschungsfrage und dem theoretischen Bezugsrahmen abgeleitet wurden. Durch die initiierende Textarbeit und den ersten Kodierprozess wurden diese induktiv weiterentwickelt. Dabei zeigten sich folgende Themenblöcke als interviewprägende Momente, in denen sich die Selbstwahrnehmung und Handlungslogik der Kursleitenden offenbarte:

- Rahmenbedingungen von Kultureller Bildung als Spannungsfelder für Sommerakademien
- Charakteristika der Veranstaltungsform Sommerakademie
- Selbstverständnis als professionelle/r Kunstvermittler/in
- Aufgaben und Ziele der Lehre an der Sommerakademie
- Entwicklungsperspektiven von Künstler/innen in Sommerakademien

Im Verlauf des Kodierprozesses wurden diese Hauptkategorien dann durch die aus dem Material heraus begründeten Subkategorien in ihrer thematischen Breite ausdifferenziert. Das finale Kategoriensystem bildet sich in der folgenden interpretativen Auswertung ab, ist aber auch dem Anhang beigefügt (siehe A.2).

Bevor die Ergebnisse der qualitativen Inhaltsanalyse entlang der Haupt- und Subkategorien im Einzelnen vorgestellt werden, soll die nachstehende Grafik einen Überblick über die Verteilung der zugeordneten Textstellen, den sogenannten Codings, nach den Hauptkategorien geben. Diese quantifizierte Darstellung der qualitativen Daten lässt zu Beginn der Auswertung Rückschlüsse auf die von den Befragten gesetzten Schwerpunkte zu.[11]

---

11 Die Diagramme zur Verteilung der Codehäufigkeiten nach Subkategorien sind dem Anhang beigefügt (siehe A.3).

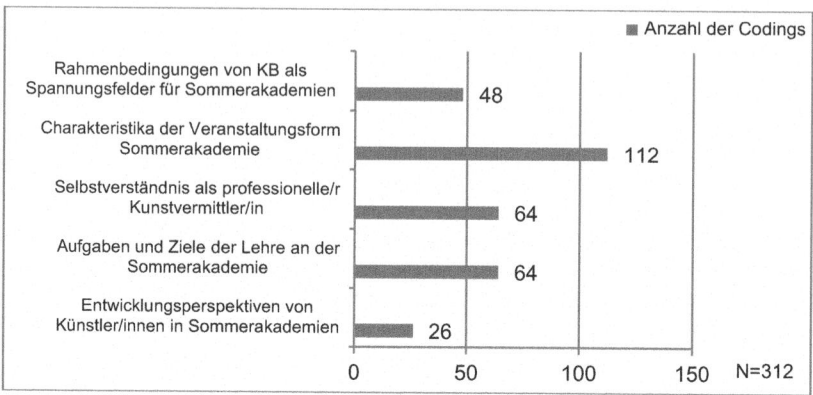

Abbildung 1: Verteilung der Codehäufigkeiten nach Hauptkategorien (eigene Darstellung)

Demnach zeigt die grafisch aufbereitete Verteilung der Codehäufigkeiten, dass die Befragten dominierend die Charakteristika der Veranstaltungsform Sommerakademie und die damit verbundenen Potenziale und Herausforderungen für ihr Handeln thematisieren. Dem folgend zeigen sich das Selbstverständnis als professionelle/r Kunstvermittler/in und die von den Befragten zugeschriebenen Aufgaben und Ziele der Lehre als weitere wichtige handlungsleitende Einflussfaktoren. Weniger dominant, aber dennoch zentral prägen auch die Rahmenbedingungen Kultureller Bildung das Arbeiten der Kursleitenden, während die Entwicklungsperspektiven von Künstler/innen in Sommerakademien in quantitativer Hinsicht vergleichsweise wenig diskutiert wurden.

Im Folgenden werden diese Hauptkategorien und die dazugehörigen Subkategorien beschreibend und interpretativ ausgewertet.

6.1 Rahmenbedingungen von Kultureller Bildung als Spannungsfelder von Sommerakademien

Innerhalb der ersten Oberkategorie „Rahmenbedingungen von Kultureller Bildung als Spannungsfelder für die Sommerakademie" wurde Kulturelle Bildung im Kontext des demographischen Wandels, im Kontext einer Ökonomisierung von Bildung und im Spannungsfeld zwischen bildungspolitischer Förderung und gleichzeitiger Marginalisierung diskutiert. Dabei zeigt sich, dass sich für die Lehre an Sommerakademien insbesondere durch ökonomische Bedingungen zahlreiche Herausforderungen ergeben.

Kulturelle Bildung im Kontext des demographischen Wandels

Im Zusammenhang mit dem demographischen Wandel in Deutschland beschreiben die Befragten die Auswirkungen der sich verändernden Altersstruktur für Sommerakademien der Kulturellen Bildung. Da der Anteil älterer Menschen in der Bevölkerung aufgrund einer durchschnittlich höheren Lebenserwartung und einer rückläufigen Geburtenrate zunehmend steigt, sehen sich die Kursleiter/innen mit einer „Überalterung" der Teilnehmerschaft (B2: 81)[12] konfrontiert: Ein Großteil der Teilnehmer/innen „ist doch sehr älter und wird auch immer älter" (B1: 24). Viele der Kursbesucher/innen sind daher bereits aus dem Erwerbsleben ausgeschieden und in den Ruhestand eingetreten. Diese Phase im Leben werde inzwischen immer länger, einige Menschen bestreiten diese noch 20 oder gar 30 Jahre, sodass das Bedürfnis, diese Zeit aktiv zu gestalten, sehr hoch sei (vgl. B1: 42). Insbesondere das Bedürfnis, sich kulturell und spezifisch künstlerisch weiterzubilden, wachse bei vielen älteren Menschen, da dieser Bereich im Alltag oft keinen Platz gefunden hatte: „die (...) sagen, jetzt will ich das machen, was ich mein Leben lang nicht machen konnte" (B1: 42). Die Kursleiter/innen verspüren bei den Teilnehmer/innen deshalb den „Wunsch sich in unserem Fall mit Bildender Kunst auseinander zu setzen und damit auch sein, die zweite Lebenshälfte zu gestalten" (B5: 55). In diesem Zusammenhang machen die Befragten auch darauf aufmerksam, dass es DEN älteren Menschen nicht gibt, sondern dass es sich vielmehr trotz einer weitgehend homogenen Altersstruktur um eine heterogene Teilnehmerschaft handelt. Neben unterschiedlichen Vorstellungen und Bedürfnissen bezüglich der Kursgestaltung, finden sich viele verschiedene künstlerische Ausdrucks- und Herangehensweisen, die in jedem Teilnehmer individuell angelegt seien (vgl. B4: 51). Hinzu komme, dass viele ältere Teilnehmer/innen sehr hoch qualifizierte und anspruchsvolle Berufe ausgeübt haben, sodass bei Eintritt in die Ruhephase das Gefühl der Unterforderung und die Suche nach neuen Herausforderungen eintreten: „das sind sehr viel ältere Teilnehmer, die (...) sich eigentlich ein neues Feld, die haben vielleicht immer schon mal künstlerisch gearbeitet, aber entdecken" (B5: 13). In diesem Zusammenhang wird von den Befragten beschrieben, dass Kunst und vor allem Kunstschaffen sowohl geistige als auch körperliche Bedürfnisse einholen und damit eine „Form von Befriedigung" (B4: 77) schaffen. Das hohe Interesse an Kultureller Bildung bei vielen älteren Menschen wird zudem dadurch begründet, dass dieses „den Menschen mit in die Wiege gelegt

---

12 In den nachfolgenden Verweisen werden die Interviewteilnehmer/innen mit „B" für „Befragte/r" und einer entsprechenden Nummerierung abgekürzt. Die Zahl hinter dem Doppelpunkt verweist auf den Absatz des dazu gehörigen Transkripts, in welchem das Zitierte oder der Vergleich wiederzufinden sind. Aus Gründen der Anonymisierung können die Transkripte an dieser Stelle jedoch nicht zur Verfügung gestellt werden.

worden ist" (B4: 77), also ein genuin menschliches Bedürfnis darstelle, was in der Zeit nach dem meist funktional ausgerichteten Erwerbsleben verstärkt hervortrete (vgl. B4: 77). Darüber hinaus wird gerade älteren Teilnehmer/innen von den Befragten eine gewisse Finanzkraft zugesprochen, die sich auch aus den genannten beruflichen Hintergründen ergebe: „größten Teils machen es doch noch eher die Leute, die Geld haben (...) und das geht ja eigentlich wirklich so ab 50 erst los" (B1: 68). Die Teilnehmerbeiträge und die in vielen Fällen dazu kommenden Reise-, Unterkunfts- und Verpflegungskosten stellen neben dem hohen Zeitaufwand für viele jüngere potenzielle Teilnehmer/innen oft eine Herausforderung dar, weshalb diese eher marginal in der Teilnehmerstruktur vertreten seien (vgl. B1: 24). Gleichzeitig sehen sich viele ältere Menschen in der Ruhephase mit dem Verlust einer zentralen sozialen Bezugsgruppe, nämlich der Kollegschaft, konfrontiert, wodurch für den „Aspekt der, des Älterwerdens (...) und der, der Aspekt der Vereinzelung der Menschen" (B4: 87) ein gewisser Zusammenhang gesehen wird. Sommerakademien bieten hier die Möglichkeit wieder in einer Gruppe agieren zu können[13].

Insbesondere älteren Menschen werden also von den Befragten die für die Teilnahme an der Sommerakademie notwendigen zeitlichen, finanziellen sowie inzwischen auch körperlichen Ressourcen zugesprochen, womit ältere Menschen eine konkrete Zielgruppe darstellen: „das ist ja eigentlich das Publikum, was eine Sommerakademie also gerne haben möchte" (B1: 68). Die alternde Teilnehmerstruktur als Folge des demographischen Wandels wird in dieser Hinsicht also als Bereicherung für diese Veranstaltungsform empfunden. Gleichzeitig nehmen die Befragten aber auch eine gewisse „Gefahr" (B2: 81) wahr. So werfen die Kursleiter/innen Fragen auf wie „Was ist, wenn diese Generation weg bleibt?" (B3: 53). So gelängen die jetzigen Teilnehmer/innen auch irgendwann an ihre natürlichen Grenzen (vgl. B1: 26/B2: 81) und die Akquise von neuen, jüngeren Teilnehmer/innen sei derzeit nur begrenzt erfolgreich: „da wächst nichts nach" (B2: 81). Wie schon beschrieben liegt dies aus Sicht der Befragten an den fehlenden zeitlichen und finanziellen Ressourcen vieler jüngerer Menschen, die entweder noch nicht im Erwerbsleben stehen oder von diesem stark absorbiert werden. Hinzu komme, dass seit einigen Jahren die Sicherung einer entsprechenden Altersversorgung für einen großen Teil der Bevölkerung ungewiss sei und die Prognose einer steigenden Altersarmut auch die Teilnahme an kulturellen Veranstaltungen gefährde. Dies sei ein „Problem, was den gesamten Kulturbetrieb betrifft" (B2: 81) und was damit auch die Sommerakademie vor entsprechende Herausforderungen stellt. Für die Veranstaltungsform und die Lehrenden bedeutet das beispielsweise eine existenzielle Abhängigkeit von der

---

13 Vgl. Unterkategorie „Arbeiten in und mit der Gruppe als Interaktionsgemeinschaft"

Finanzkraft der Teilnehmenden, „weil natürlich alles auch durch Teilnehmende finanziert werden muss" (B5: 55). Die Akquise von „Nachwuchsteilnehmern" (B1: 68), die sowohl Schüler/innen, Student/innen als auch Erwerbstätige umfassen sollte (vgl. B5: 13/B1: 24, 68), wird jedoch nicht nur aus finanziellen Gründen angestrebt, sondern wird auch aus einer qualitativ-inhaltlichen Perspektive begründet. So wird auch betont, dass über eine noch stärker heterogene Teilnehmerschaft „eine Option und eine Chance da ist, da wirklich mit diesen Ressourcen, die so eine Akademie bietet, weiter zu arbeiten" (B5: 13). Denn trotz der zugesprochenen Heterogenität der älteren Teilnehmerschaft, würden durch das Fehlen bestimmter Bevölkerungsgruppen auch Möglichkeiten des Austauschs und der Interaktion begrenzt werden.

So gestalten sich die Auswirkungen des demographischen Wandels als Spannungsfelder für die Sommerakademie, indem die Wahrnehmung und Einordnung der zunehmend alternden Teilnehmerstruktur zwischen Wertschätzung bezüglich ihrer Facetten und Ressourcen und Besorgnis über mögliche Folgen einer wenig stattfindenden Akquise neuer Teilnehmer/innen schwankt.

Kulturelle Bildung im Kontext einer Ökonomisierung von Bildung

Ein zweiter und am häufigsten diskutierter Aspekt bezüglich der Rahmenbedingungen Kultureller Bildung und speziell von Sommerakademien betrifft das Handeln von Kursleiter/innen unter zunehmend ökonomischen Kriterien. Als dem Segment der Weiterbildung zugehörig, erfahren Sommerakademien in der Regel keine staatliche finanzielle Unterstützung, sodass diese immer häufiger unter den Druck geraten, ihre Angebote unter dem Gesichtspunkt der Wirtschaftlichkeit konzipieren zu müssen: „Also es muss sich rechnen oder es ist immer die Frage der Effektivität" (B2: 49). Erfolg würde demnach zunächst anhand der Nachfrage und den konkreten Einnahmen über die Teilnehmerbeiträge gemessen. Nicht gebuchte und damit nicht stattgefundene Kurse werden deshalb als „Verlustgeschäft" (B1: 6) gewertet, es entstehe daher „natürlich so ein Druck, der sich da aufbaut" (B5: 45). Dabei thematisieren die Befragten auch die allgemein starke Betroffenheit Kultureller Bildung von den sinkenden staatlichen Zuschüssen. Dies hänge mit einer häufigen Unterbewertung ästhetischer Bedürfnisse und des Drangs nach Selbstverwirklichung über die Auseinandersetzung mit Kulturellen Objekten zusammen: „Natürlich kann man im kulturellen Bereich am einfachsten sparen", da dieser als „sogenannter weicher Bereich" eingestuft würde, könne man „morgen jegliche Subvention oder jegliche Förderung auf Null fahren. Ende!" (B2: 49). Diese Abhängigkeit wird von den Befragten als konkrete Bedrohung für die eigenen Handlungsfelder wahrgenommen. Zwar würde die Sommerakademie Marburg von der Stadt, genauer gesagt durch das städtische Kulturamt, teilfinanziert, dennoch müsse die Finanzierung weitestgehend durch die Einnahmen aus den Teilnahmebeträgen getragen werden: „es ist ja nicht so, dass uns ein reicher Segen überfällt über die Stadt" (B5: 47). Eine ökonomische Perspektive in Hinblick auf die Angebotsplanung und -durchführung sei deshalb nicht zu umgehen, eine „gewisse Kommerzialität auch im Finanziellen das muss natürlich sein" (B5: 47). Trotz dass die Befragten diese notwendig einzunehmende Perspektive nachvollziehen können, löst sich für diese nicht die als Widersprüchlichkeit wahrgenommene Idee einer Effektivität von Bildung: „ich weiß nicht, inwiefern man Bildung rechnen kann" (B2: 55). Insbesondere in der Kulturellen Bildung würden Lernerfolge, die über das Erlernen und Anwenden künstlerischer Techniken hinausgehen, nämlich sogenannte Transfereffekte, die die „geistige Kompetenz, soziale Kompetenz" (B2: 55) fördern, nicht messbar sein (vgl. B2: 55/B4: 73)

Eine solche Kosten-Nutzen-Kalkulation widerspreche zudem der Grundidee flächendeckend kulturelle Teilhabe zu ermöglichen. So wird die Teilnehmerstruktur kultureller Bildungsangebote und speziell von Sommerakademien überwiegend von Teilnehmer/innen geprägt, denen eine gewisse Bildungsaffinität zugeschrieben wird. Die Befragten greifen hier auf die Begriffe „bildungsnah" (B3: 71) und „Bildungsbürgertum" (B3: 71/B2: 81) zurück und beschreiben in diesem Zuge einen durchschnittlichen Teilnehmer, der eine akademisch geprägte Berufsbiographie (vgl. B3: 71) und dementsprechend finanziell gesicherte Lebensumstände vorweisen kann (vgl. B5: 13/B3: 53). An vielen Sommerakademien, insbesondere an „kommerziell ausgerichteten freien Akademien" sei daher ein „sehr eingeengter Teilnehmerkreis" (B5: 13) vorzufinden. Eine finanzielle Unterstützung durch die Kommune, wie es in Marburg der Fall ist, beuge dieser Selektion ein Stück weit vor, da z.B. durch die Mehrfachnutzung städtischer Liegenschaften die Mietkosten und damit die Teilnahmebeträge gesenkt werden könnten (vgl. B5: 13, 47): „das lässt also einfach auch zu, dass auch andere, dass auch jüngere Teilnehmer zum Beispiel kommen" (B5: 13). Dennoch könne über die Veranstaltungsform Sommerakademie, die sich hauptsächlich über die Teilnehmerbeiträge finanzieren muss, nicht jede/r Bürger/in erreicht werden: „man würde jetzt bildungsferne Menschen darüber nicht erreichen" (B3: 71). Gleichzeitig betonen die Befragten aber auch, dass ein solches Ziel, allen Gesellschaftsmitgliedern die Rezeption und Gestaltung von Kultur zu ermöglichen, über eine einzelne Veranstaltungsform gar nicht zu leisten sei, weshalb eine gewisse Vielfalt in den Angebotsformen Kultureller Bildung notwendig sei. In dem Zuge ergebe sich also die „Frage, ob das [Erreichen sogenannter bildungsferner Bürger/innen, C.S.] die Aufgabe der Sommerakademie sei, aber da müsste man andere Sachen, da müsste man Stadtteilprojekte machen" (B3: 71). Die Befragten stellen also für die Akquise bestimmter Teilnehmergruppen auch Grenzen fest, die durch ökonomisch bedingte Rahmenbedingungen der Veranstaltungsform gesetzt werden. Auch auf Ebene des Kursleiterhandelns ergeben sich durch diese ökonomische Perspektive auf den Kurserfolg oder -misserfolg Einschränkungen und Abhängigkeiten. So ergibt sich für die Kursleiter/innen die Notwendigkeit, genug Teilnehmende mit ihrem Angebot anzusprechen, „das legitimiert einen natürlich auch für so eine Akademie" (B5: 45). Der Abschluss eines Lehrvertrags komme auch lediglich bei Erfolg des zuletzt angebotenen Kurses zustande, im anderen Fall würde der Ausschluss als Kursleiter/in drohen: „Ja und dann waren beide Kurse nicht belegt und jetzt bin ich raus geflogen. Ja wenn du einmal sozusagen da nicht richtig ja, wenn da sich zu wenig Leute anmelden, dann (...) waren auch schon ein paar Leute, Kursleiter, die haben dann einfach Pech gehabt" (B1: 4). Für die Lehre an einer Sommerakademie besteht also eine konkrete Abhängigkeit von der Finanzierbarkeit der Kurse, wobei die Befragten dies nicht nur für Sommerakademien speziell sehen, sondern als Merkmal nicht öffentlich finanzierter Weiterbildung beschreiben: „Und wir waren eigentlich immer auf diese Kursleute angewiesen, dass die kommen und dort bezahlen, ne und wir dann sozusagen Geld dafür bekommen. Also so läuft Kurssystem überhaupt" (B1: 62). In diesem Zusammenhang betonen die Befragten die Notwendigkeit, die Teilnehmenden in den Prozess der Angebotsplanung und -durchführung einzubeziehen[14], um eine bedürfnisgerechte Kursgestaltung und damit ihren eigenen Erfolg gewährleisten zu können.

Kulturelle Bildung zwischen bildungspolitischer Förderung und Marginalisierung

An die Thematisierung dieser ökonomischen Bedingungen an die Programmgestaltung und das Handeln der Kursleiter/innen, schließt sich bei den Befragten die Diskussion um eine Diskrepanz zwischen der bildungspolitischen Förderung Kultureller Bildung und der Marginalisierung derselben an. Zwar würde die Bedeutung Kultureller Bildung insbesondere für die Förderung junger Menschen erkannt werden, aber vor allem die freie Szene habe es schwer, Fördergelder zu akquirieren (vgl. B2: 49). So seien die bildungspolitische Forderung nach flächendeckender kultureller Teilhabe und die Verteilung öffentlicher Gelder wie „zwei Blöcke, die nicht miteinander kommunizieren" (B2: 49). Der öffentliche Bedeutungszuspruch an Kulturelle Bildung wird deshalb auch als „Sonntags-Rede" (B2: 51) wahrgenommen, die zwar immer wieder gehalten werde, in der Realität jedoch keine Umsetzung auf breiter Ebene erfahre. Viel-

---

14 Vgl. die Unterkategorie „Der Teilnehmer als freiwilliger Partizipant und aktiver Mitgestalter des Kursgeschehens"

mehr gingen die öffentlich bereitgestellten Gelder „an die sogenannten Leuchttürme, womit man sich dann putzen kann" (B2: 51). Gemeint sind damit große und renommierte Einrichtungen der Kulturellen Bildung, wie bekannte Museen und Konzerthäuser, die sich in der Öffentlichkeit bereits etabliert haben und für die Förderer entsprechende Aufmerksamkeit bedeuten.

Bei den Befragten offenbaren sich darüber Frustration und Ärger, so berichtet B2 sogar, schon vor einigen Jahren das Einreichen von Förderanträgen für bestimmte Projekte aufgegeben zu haben (vgl. B2: 49). Die Arbeit an einer Sommerakademie, speziell der Marburger Sommerakademie sei in diesem Zusammenhang sehr attraktiv, da man durch die städtische Förderung seitens des Kulturamtes auch eine „Sicherheit, eine Rückversicherung" (B2: 53) und ein „Verständnis" (B5: 47-49) erfahre. Die Befragten fühlen sich demnach in ihrer Arbeit durch die kommunale Unterstützung wertgeschätzt und in der Bedeutung ihrer Arbeit bestätigt. Angesichts einer zunehmend ökonomisch geprägten Perspektive auf Bildung und insbesondere einer Marginalisierung von Kultureller Bildung, sei das „Modell Marburg, dass die Stadt sozusagen mit unterstützt (...) eine Idealform (...), die auch im weitesten Sinne überlebensfähig sein könnte" (B5: 55). Das Gefühl, die Veranstaltungsform und damit die Tätigkeit als Kursleiter/in sei durch diese Ökonomisierung bedroht, wird über diese Aussage besonders deutlich, drückt sich hier doch die existenzielle Gefährdung aus.

Gleichzeitig betonen die Interviewten aber auch die Ressourcen, die die Sommerakademie für die Stadt biete. Viele der Teilnehmenden seien außerhalb der Stadt in der Region, anderen Bundesländern oder sogar im Ausland wohnhaft und würden daher die Stadt auch touristisch beleben (vgl. B2: 53/B5: 55) – insbesondere in einer Zeit, in der viele Bürger/innen (darunter auch viele Studierende) anderweitig Urlaub machen und die Stadt eine Zeit lang verlassen.[15] Diese „Belebung" sei eine nicht nur wirtschaftliche „Bereicherung" (B2: 53), sondern trage auch wesentlich zur Attraktivierung der Stadt bei. Dies würde durch das sogenannte Begleitprogramm noch verstärkt werden, denn die zusätzlichen Abend- und Wochenendveranstaltungen wie Vernissagen, Vorstellungen und Lesungen seien nicht nur den Teilnehmenden der Sommerakademie, sondern jedem Interessierten zugänglich, womit auch kulturelle Interessen und Bedürfnisse der Bürger/innen geweckt und gestillt werden sollen (vgl. B2: 53/B5: 47-49). Die Stadt habe also die Bedeutung dieser Veranstaltung bezüglich der wirtschaftlichen als auch kulturellen Bedeutung erkannt: „Sie wissen, die Sommerakademie ist wichtig" (B2: 53), „das ist so was, was die Stadt Marburg sich einfach auf die Fahnen schreibt" (B3: 105).

---

15 Vgl. dazu auch Unterkategorie „Intensivkurse in der angebotsarmen Zeit des Sommers"

Eine solche auf kommunaler Ebene bereits erkannte Bedeutung Kultureller Bildung fehle in Teilen aber noch auf Länder- und Bundesebene. So seien viele Sommerakademien, die im Bereich der Kulturellen Bildung aufgestellt sind, nicht als Bildungsurlaub anerkannt. Der Anspruch auf eine solche bezahlte Freistellung könne nur dann gültig gemacht werden, wenn die Veranstalter einen gewissen Anteil politischer oder beruflicher Bildung nachweisen können, was den Sommerakademien jedoch meist nicht möglich sei (vgl. B3: 75). Die Bedeutung einer Auseinandersetzung mit künstlerischen Objekten, Handlungen und darüber hinaus der Umwelt und eigenen Persönlichkeit sei nicht nur nicht erkannt worden, sondern würde oft auch belächelt, wie auch in ironischer Weise festgestellt wird: „Wenn man nur auf sein Holz schlägt, das reicht anscheinend nicht" (B3: 75). Die angeblich fehlende Relevanz, um als Bildungsurlaub anerkannt zu werden, befördert daher „die Frage für mich persönlich, inwieweit nicht Kulturschaffen schon legitim genug ist (...)?" (B2: 79). Diese Frage schließt damit an die Diskussion um eine geforderte Effektivität von (Kultureller) Bildung an, die seitens der Befragten höchst fragwürdig erscheint und einer gesellschaftlichen wie bildungspolitischen Stärkung derselben entgegenstehe.

Das Handeln der Kursleiter/innen wird also durch die aufgezeigten Kontextbedingungen Kultureller Bildung konkret gerahmt und gesteuert. So sind die Kursleiter/innen zum einen mit der Aufgabe konfrontiert, die Ressourcen und Herausforderungen einer alternden Teilnehmerstruktur zu erkennen und einen Umgang damit zu finden. Außerdem müssen sie sich der Risiken einer ökonomisierten Perspektive von Bildung bewusst werden und die darüber entstehenden Diskrepanzen zwischen bildungspolitischer Förderung und Marginalisierung Kultureller Bildung aushalten können, bzw. Möglichkeiten der Auflösung solcher Widersprüchlichkeiten finden. Noch größere Bedeutung für das eigene Handeln als Kursleiter/innen messen die Befragten jedoch den Charakteristika der Veranstaltungsform Sommerakademie bei, die im Folgenden aufgeschlüsselt werden.

6.2 Charakteristika der Veranstaltungsform Sommerakademie

In einem zweiten Themenblock thematisieren die Befragten die Charakteristika der Veranstaltungsform Sommerakademie, die sie als prägend für den Ordnungsrahmen und damit für das eigene Handeln als Kursleiter/innen beschreiben. Dabei wird schwerpunktmäßig das Arbeiten in und mit der Gruppe diskutiert, die in der Sommerakademie als Interaktionsgemeinschaft in Erscheinung tritt. Aber auch der einzelne Teilnehmende bestimmt durch das an ihn geknüpfte Prinzip der Freiwilligkeit das Handeln der Kursleitenden, die den Teilnehmenden aktiv in die Planung und Durchführung der Veranstaltung einbeziehen, um einem Drop-Out vorzubeugen. Auch klassische strukturierende Rahmenbedingungen wie Zeit und Ort werden als handlungsleitende Momente beschrieben. So wird die intensive Kurszeit von ein bis drei Wochen mit ganztägiger Gestaltung als Besonderheit in der ansonsten angebotsarmen Zeit des Hochsommers festgehalten, wodurch die Sommerakademie von den Teilnehmenden auch als Urlaubsgestaltung und Abgrenzung zum Alltag genutzt würde. Nicht zuletzt thematisieren die Befragten auch die Art und Weise des Lernens, welches sich klar von einer unidirektionalen Lehrer-Schüler-Beziehung abgrenzt und Lernmöglichkeiten in mehrere (auch fachliche) Richtungen eröffnet.

Intensivkurse in der angebotsarmen Zeit des Sommers

Zeit als wichtige strukturierende Rahmenbedingung wird von den Befragten zunächst einmal in Bezug auf die Jahreszeit thematisiert, in der die Kurse angeboten werden. Schon die Begrifflichkeit der Veranstaltungsform Sommerakademie deutet auf deren Stattfinden in der Zeit des Sommers, bzw. Hochsommers hin. Die Befragten kennzeichnen diese Zeit als insgesamt angebotsarme Zeit, in der weniger Bildungsveranstaltungen stattfinden als in den anderen Monaten. In dieser „Saure-Gurken-Zeit" (B1: 26/B5: 53), in der viele Anbieter aufgrund einer mangelnden Nachfrage ihr Programm zurückfahren, fällt die Sommerakademie in eine Zeit, „wo sonst tote Hose ist überall" (B1: 44). Dieses Charakteristikum der Veranstaltungsform wird sowohl als Potenzial als auch als Herausforderung wahrgenommen. Im Sommer seien einfach aufgrund der allgemeinen Urlaubs- und Ferienzeit weniger potenzielle Teilnehmende und damit Bedarf vorhanden. Dies beträfe vor allem jüngere Zielgruppen: Familien und darin eingeschlossen Schüler/innen, aber auch Studierende und junge Paare seien schlichtweg nicht vor Ort (vgl. B5: 17/B1: 40/B2: 83). Gleichzeitig weisen die Befragten aber auch darauf hin, dass zunehmend Vorstellungen von einer Urlaubsgestaltung aufkommen, die die Produktivität gerade im künstlerischen Bereich wieder in den Fokus rücken und weniger den traditionellen Strandurlaub (vgl. B3: 95).[16] Ein solch verändertes Verständnis trage dazu bei, dass die Veranstaltungsform Sommerakademie in genau dieser angebotsarmen Zeit ein attraktives Angebot sei, insbesondere auch durch die zeitlich intensive Gestaltung der Kursformate. Zwar würde die Kurszeit von ein bis drei Wochen im Vergleich zu vielen Semester- und Jahresveranstaltungen anderer Bildungssettings recht kurz sein (vgl. B2: 23), durch die zeitliche Intensität in diesen Wochen würde jedoch eine hohe Qualität in kürzester Zeit ermöglicht (vgl. B1:

---

16 Vgl. vertiefend dazu Unterkategorie „Die Sommerakademie als Urlaubsgestaltung und Abgrenzung vom Alltag"

44/B2: 27/B4: 33/B5: 11). Dieses projektförmige Arbeiten „en bloc" (B4: 33), was sowohl seitens der Lehrenden als auch Teilnehmenden eine große Bereitschaft zur konstanten aktiven Mitarbeit verlangt (vgl. B4: 23), bewirke eine Kontinuität in der Auseinandersetzung mit den Themen und Materialien, die in anderen Bildungssettings wie denen der Volkshochschule nicht oder nur auf längere Sicht stattfinden könne (vgl. B1: 44/B2: 27/B5: 11), da beispielsweise das Aufarbeiten des zuletzt Behandelten wegfalle. „Qualität entsteht ja durch Intensität" (B1: 44), womit das Wiederholen und Anwenden des Gelernten gemeint ist, was über diese Veranstaltungsform „unheimlich komprimiert" (B2: 27) stattfinden könne, weshalb die Sommerakademie bezüglich eines solchen Lernprozesses auch als „ideale Form" (B5: 55) wahrgenommen wird. Dass diese Art der Gestaltung den Zeitgeist, spezifischer das Bedürfnis der Teilnehmenden treffe, zeige sich in der über die reguläre Kurszeit häufig stattfindende Selbstorganisation der Teilnehmenden, die ihre Arbeiten bis in die späten Abendstunden und an den Wochenenden fortsetzen würden (vgl. B5: 41): „Die nutzen diese Zeit sehr intensiv aus" (ebd.).

In diesem Zusammenhang betonen die Befragten aber auch die Herausforderungen, die mit einer solchen intensiven und komprimierten Auseinandersetzung einhergehen. So fände die Reflexion des Stattgefundenen häufig erst nach der Kurszeit statt, die dann nicht mehr durch die Kursleitenden begleitet werden könne. Im Bereich der Darstellenden Künste trete dieser Punkt noch deutlicher hervor, da kein materielles Erzeugnis am Ende des Kurses stünde, sondern die künstlerische Auseinandersetzung „in der Zeit [spielt]" (B2: 61). Um dennoch das „BE-Halten" (B2: 61) des Gelernten zu ermöglichen, müssten neue Lösungen wie das Erstellen von Probentagebüchern gefunden werden (vgl. B2: 61). Zudem wird es bedauert, dass die Sommerakademie nur einmal im Jahr stattfinden könne, denn so seien die Teilnehmenden im Rest des Jahres auf andere, weniger intensive Angebote der Kulturellen Bildung angewiesen, die als „Trostpflaster über das Jahr" (B1: 44) fungieren. Gleichzeitig wird aber auch darauf verwiesen, dass zum einen die städtischen Liegenschaften (vor allem Schulräume) nur im Sommer verfügbar seien und dass meist auch die Teilnehmenden die zeitlichen Ressourcen nur in dieser Zeit aufbringen könnten. Diese Rahmenbedingungen begrenzen damit auch den gestalterischen Spielraum dieser Veranstaltung: „Also muss man schon bei der Latte bleiben und sagen, okay es geht nur ein Mal im Jahr und das ist im Sommer" (B1: 40).

Insgesamt würde die zeitliche Rahmung der Sommerakademie jedoch deutlich mehr Potenziale als Herausforderungen bereithalten. Dies führe wiederum dazu, dass die Anzahl von Sommerakademien, die im Bereich der Kulturellen Bildung aufgestellt sind, immer weiter wächst: Viele Anbieter hätten die Chancen des Konzeptes inzwischen erkannt und sehen hier die Möglichkeit, die angebotsarme Zeit des Sommers zu überbrücken. Dabei entstünde jedoch die Gefahr eines Qualitätsverlustes: „Es gibt in jedem Kaff fast eine Sommerakademie, ne also viele springen irgendwie auf dieses Boot auf und sagen wir machen auch hier was mit Kunst (...) jeder Stadtbezirk macht so einen Quatsch jetzt" (B1: 26). Trotz der hier gesetzten Abgrenzung zur eigenen Einrichtung, deren Qualität auch über ausgesuchte Kursleiter/innen bestimmt wird – „das ist ja kein Gemischtwarenladen" (B2: 91) – wird auch eine Konkurrenz in dieser „Blüte" (B1: 26) von Sommerakademien gesehen (vgl. ebd.).

Die Kursleiter/innen sind demnach sowohl mit dem Potenzial, eine Angebotslücke ausfüllen zu können als auch mit einem wachsenden Konkurrenzdruck konfrontiert. In diesem Spannungsverhältnis muss sich eine Sommerakademie positionieren und profilieren, wobei die Kursleiter/innen als professionelle Kunstvermittler/innen eine bedeutende Rolle bei der Profilierung einer Sommerakademie spielen.[17]

Die Sommerakademie als Urlaubsgestaltung und Abgrenzung vom Alltag

Wie bereits kurz angesprochen, nehmen die Befragten ein verändertes Verständnis von Urlaubsgestaltung bei vielen Teilnehmenden wahr. Zwar würden viele Menschen immer noch den klassischen mit weiten Reisen verbundenen Erholungsurlaub präferieren, aber es zeige sich zunehmend auch das Bedürfnis, sich produktiv mit bisher vernachlässigten Interessen auseinander zu setzen (vgl. B3: 95/B2: 65/B4: 77). Das dies oft spezifisch künstlerische Interessen sind, begründen die Befragten damit, dass für die Auseinandersetzung mit Kunst, sei es rezeptiv oder eigenaktiv, wenig Ressourcen im Alltag zur Verfügung stünden (vgl. B4: 29/B5: 23). So sei insbesondere das produktive künstlerische Arbeiten „oft in, im Alltag nicht integrierbar" (B4: 29). Rezeptive Formen wie der Besuch von Museen oder Theaterstücken nehmen zwar viele der Teilnehmenden auch im Alltag war, der körperlich-haptischen Beschäftigung mit Kunst hingegen werde von vielen auch in der bewussten Freizeitgestaltung nur marginal nachgegangen (vgl. B1: 56/B3: 79). Dies hänge auch mit einer zunehmend auf kognitive Leistungen ausgerichteten Gesellschaft zusammen, deren Mitglieder sehr stark „auf Kopftätigkeit fokussierte Tätigkeiten" (B3: 93) ausüben müssen. Im Kontext dieser Entwicklungen werde das Bedürfnis, auch über den Einsatz des eigenen Körpers produktiv zu werden, und darüber ein gewisses „Sinnerleben" zu erfahren zur „großen Sehnsucht" (B4: 15): Die „Leute wollen es selber machen, die wollen sich nicht irgendwo hinsetzen und was aufnehmen, sondern sie müssen es selber auch erfahren" (B2: 65). In diesem Zusammenhang biete die Sommerakademie auch die Möglichkeit, „was zweck-

---

17 Vgl. dazu auch Unterkategorie „Der/die Künstler/in als authentische Leitfigur"

freies zu machen, weg von dieser Funktionalität, aus dem Alltäglichen raus, wo man sonst immer (...) funktionieren muss" (B4: 77). Deswegen sei die Sommerakademie auch „wie ein Ferienprogramm" (B3: 51), als eine „Form von Urlaub" (B4: 77) zu verstehen, wo es den Teilnehmenden ermöglicht wird, sich von ihrem Alltag abzugrenzen, auch Entspannung zu erfahren und „in eine andere Welt damit auch mal wieder abswitchen" zu können (B4: 15). So ermögliche auch nur dieses Gefühl, „eine kleine Insel" (B2: 19) betreten zu haben, die weit entfernt vom Alltag ist, die Konzentration zu entwickeln, die die Intensität der Veranstaltungsform verlangt. Um in die intensive „Auseinandersetzung mit Farbe, Form, Themen" (B4: 31) treten zu können, sich also ganzheitlich auf den künstlerischen Prozess einlassen zu können, müsse der Stress des Alltags ausgeblendet werden (vgl. B3: 39/B1: 48). Den Kursleitenden komme dabei die Aufgabe zu, über die Sommerakademie eine „Form von Freiraum" (B4: 77) herzustellen und die Teilnehmer/innen „aus ihrem alltäglichen Denken heraus zu holen" (B4: 93).

Die Sommerakademie wird also bewusst als Urlaubsgestaltung genutzt, für die insbesondere bei den dreiwöchigen Kursen auch der Jahresurlaub investiert werden muss. Die Teilnehmenden zeigen daher auch eine große Bereitschaft, diese oft auch als sehr wichtig und besonders empfundenen Zeitressourcen intensiv zu nutzen (vgl. B5: 13/B4: 29).

Der Teilnehmende als freiwilliger Partizipant und aktiver Mitgestalter des Kursgeschehens

Ein breit diskutierter Aspekt der Sommerakademie betrifft das Prinzip der Freiwilligkeit, das den Teilnehmenden als grundlegend intrinsisch motiviert und frei von jeglichen äußeren Zwängen charakterisiert (vgl. B1: 50/B2: 49/B4: 31/B5: 13). Die Teilnehmenden bringen die geforderten finanziellen und zeitlichen Ressourcen freiwillig auf: „man muss da keinen motivieren" (B2: 29), was auch heißt, dass die Teilnahme frei von Prüfungs- und Bewertungssystemen ist, die eine numerische Beurteilung erfordern würden (vgl. B1: 52). Dieser fehlende „Prüfungsstress" (B1: 50) beförderte die Experimentierfreude und Zwanglosigkeit im künstlerischen Handeln, da „auch nichts falsch gemacht werden kann" (B4: 31). Dies bedeute zwar nicht, dass an die Teilnehmenden keine Anforderungen gestellt würden oder dass diese ohne Beurteilung arbeiten – „im Rahmen des künstlerischen Tuns bist du natürlich in der Leistungskiste sehr stark drin" (B1; A: 52) – jedoch sei dieser Bezug ein grundsätzlich anderer, der die beschriebenen „Gelöstheiten" (B1: 50) nicht beschneide und der von den Teilnehmenden auch eingefordert wird, „weil sie auch sich selber entwickeln wollen" (B1: 28). So stellen die Befragten seitens der Teilnehmenden auch dementsprechend hohe Ansprüche an die Kursgestaltung und die Lehre der Kursleiter/innen fest (vgl. B1: 28/B5: 41): „die wollen was zurückkriegen" (B5: 41). Dieses Kriterium wird deshalb sogar als „ausschlaggebendes Moment" (B5: 13) für die Angebotsplanung und -durchführung benannt. So sei die kontinuierliche Partizipation der Teilnehmenden an allen Veranstaltungsphasen eine unbedingte Handlungsmaxime, denn die meisten Teilnehmer/innen hätten genaue Vorstellungen und so sei man als Kursleiter/in „auch auf die Bälle angewiesen, die zurück kommen" (B5: 24), wenn man einen Dropout vorbeugen wolle. Das Kursgeschehen sei damit nur bedingt planbar, bzw. erfordere eine gewisse Planungsoffenheit, die die Wünsche und Entwicklungen der Teilnehmenden berücksichtigt (vgl. B2: 13/B4: 49/B5: 23). Handlungsleitend sollte daher die Frage sein: „wie kann man im Diskurs eigentlich mit dem Teilnehmer überlegen, wie ist der nächste Schritt?" (B5: 23). Zwar würde an den Kursleitenden die Aufgabe gestellt sein, ein grobes Rahmenprogramm konzipieren zu müssen, in welchem inhaltliche und didaktische Überlegungen zusammentreffen, diese müssten aber immer an die Bedürfnisse der Teilnehmenden anpassbar sein (vgl. B2: 13/B3: 15/B4: 37). Das erfordere ein gutes Beobachtungsvermögen bezüglich der einzelnen Teilnehmer/innen als auch der zwischen diesen stattfindenden gruppendynamischen Entwicklungen (vgl. B2: 13). Diese Planungsoffenheit bedeutet aber auch das Aushalten von Unsicherheiten – „Und dann ist es aber trotzdem immer der Sprung ins kalte Wasser" (B3: 33) – und nicht vorhersehbaren Entwicklungen sowie den Umgang mit Misserfolgen, um daran auch als Kursleiter/in zu wachsen: „Es muss auch was schief gehen, finde ich auch ganz wichtig, die Erkenntnis, dass auch durch Dinge, die ich nicht richtig mache oder wo ich vielleicht mal gar nicht das Richtige gesagt habe (...) und da Dinge entstanden sind, wo ich erst sagen würde, um Gottes Willen, aber dann merke, eigentlich ist das ja ganz gut, dass da ja was ganz anderes passiert ist" (B5: 33). Hier wird auch das Vertrauen angesprochen, was in den Teilnehmenden als freiwilligen Partizipanten und aktiven Mitgestalter des Kursgeschehens gesetzt wird, da dieser die Entwicklungen mit seinen habitualisierten und erlernten Kenntnissen und Fertigkeiten wesentlich mitbestimme. In diesem Zusammenhang würde die Beziehung zwischen Kursleitenden und Teilnehmenden durch eine gleichberechtigte und auf Augenhöhe stattfindende Kommunikation geprägt werden, nur so könne der als notwendig erachtete „ganz lebendige Austausch" (B5: 23) stattfinden.

Das Prinzip der Freiwilligkeit bedeute neben der intensiven Beteiligung der Kursteilnehmenden während der Veranstaltung, auch im Vorhinein eine stark bedürfnisorientierte Auswahl der Kursangebote. Dies führe dazu, dass einige Themen und Inhalte nicht in das Programm aufgenommen werden würden und so die inhaltliche Breite geschmälert würde (vgl. B2: 47/B3: 37/B5: 25-27). Die

Vorstellungen der Teilnehmenden würden mit manchen künstlerischen Bereichen wie der Performance-Kunst oder speziellen Theaterstücken nicht zusammen gehen. An den Kursleitenden stelle sich darüber die Anforderung, diese An- und Vorlieben zu akzeptieren und zu füttern, gleichzeitig aber auch Interesse für andere künstlerische Inhalte und Techniken hervorzurufen: „die haben eine bestimmte Vorstellung von dem, was sie machen wollen (...) und das muss auch so sein. Und man kann also versuchen, das aufzuschließen und sagen, (...) ich probiere den Blick auch mal für andere Dinge zu öffnen" (B5: 29). Das Lehren und Lernen in einer Sommerakademie sollten also entsprechend bedarfsdeckend als auch bedürfnisweckend gestaltet sein, um dem Charakteristikum des freiwillig partizipierenden und aktiv gestaltenden Teilnehmers gerecht werden zu können.

Arbeiten in und mit der Gruppe als Interaktionsgemeinschaft

Das Arbeiten in und mit der Gruppe, die in der Regel 14 bis 18 Teilnehmende umfasst, zeigt sich als das meist diskutierte Charakteristikum der Sommerakademie mit vielfältigen Auswirkungen für das Handeln der Kursleiter/innen. Zunächst einmal beschreiben die Befragten die Gruppen als in der Regel sehr heterogene Gruppen, sowohl in Bezug auf die Erfahrungen der Teilnehmenden als auch mit Blick auf deren Bedürfnisse und Ansprüche (vgl. B1: 56/B3: 25/B5: 25). Erfahrungen mit der eigenen künstlerischen Produktivität fehlen bei einigen Teilnehmer/innen ganz, während andere diese über eine entsprechende Freizeitgestaltung sporadisch bis regelmäßig sammeln konnten oder diese gar über ihren beruflichen Kontext eingeworben haben (vgl. B2: 9/B:25). Dies wird als „riesen Spanne" (B3: 33) und „großes Spektrum" (B5: 25) wahrgenommen: „wenn man 17 Leute hat, sind es 17 verschiedene Charaktere, 17 verschiedene Lösungen" (B1: 16). Dementsprechend gestalten sich auch die Absichten sehr individuell und unterschiedlich: Zwar würden viele der Teilnehmenden in erster Linie über die Sommerakademie ihre Urlaubs- und Freizeit gestalten[18], dennoch streben einige Teilnehmer/innen auch eine Professionalisierung in dem jeweiligen Bereich an, um diese wieder beruflich fruchtbar zu machen (vgl. B1: 56). Die Bedürfnisse und konkreten Ansprüche an das Vorgehen der Kursleitenden sind folglich in dieser Spannweite wiederzufinden – so müsse den Teilnehmenden vom spielerischen Zugang bis hin zum strengen akademisch orientierten Vorgehen verschiedene Möglichkeiten der künstlerischen Auseinandersetzung geboten werden (vgl. B3: 25). „Das ist natürlich dann ein großer Spagat, der in so einer Gruppe natürlich für den Lehrenden, das muss er machen" (B5: 25). So

---

18 Vgl. auch Unterkategorie „Sommerakademie als Urlaubsgestaltung und Abgrenzung vom Alltag"

sei es notwendig die Gruppe nicht als homogene Teilnehmerschaft zu betrachten, sondern innerhalb der Gruppe auch auf die unterschiedlichen und individuellen Wünsche und Vorstellungen einzugehen (vgl. B2: 13/B3: 27). Die Auseinandersetzung mit dem einzelnen Teilnehmenden findet beispielsweise im Bereich der Bildenden Kunst über den sogenannten Einzelkorrekturunterricht statt. Dieser sei aber pro Person nur knapp bemessen und die gerechte Verteilung an Aufmerksamkeit bei großen Gruppen nur schwer umzusetzen (vgl. B1: 18). Der Umgang mit dieser Herausforderung wird deshalb auch als „Spinnenwerk" (B1: 18) empfunden. Ein solches – wie es die Assoziation hervorruft – systematisch geplantes und durchgeführtes Vorgehen (zum Beutefang), widerspricht auf den ersten Blick der durch die Befragten zuvor gemachten Schlussfolgerung der unbedingten Planungsoffenheit[19]. Doch schließt sich dies bei einem genaueren Blick nicht aus. Während die Netzkonstruktion zum Beutefang sowohl stabile Fäden für das Grundgerüst als auch elastische Achsenfäden benötigt, muss auch der Kursleitende ein Grundgerüst an Inhalten, Zugängen und Methoden parat halten, welches jedoch die Partizipation der Teilnehmenden zulässt. Diese müsse, eben auch aufgrund der knapp bemessenen Zeit für den Einzelkorrekturunterricht, aber zum größten Teil über die gruppendynamischen Prozesse und Effekte eingefangen und ermöglicht werden. So sei es von einigen Befragten insbesondere das Ziel, die Teilnehmenden untereinander in Interaktion treten zu lassen, damit diese auch unabhängig vom Kursleitenden in einen (künstlerischen) Austausch treten können (vgl. B2:13/B4:15/B5:37). Ein in diesem Zusammenhang am meisten genutztes Format ist die gemeinsame (meist abendliche) Präsentation der entstandenen Werke innerhalb der Gruppe, die einen Vergleich zwischen den Teilnehmenden und einen Austausch zwischen diesen anregt (vgl. B1: 18/B3: 59/B5: 13): „Und dann lernen die (...) auch Dinge zu sehen, die sie eigentlich, wenn sie alleine arbeiten würden, höchstwahrscheinlich nie entdeckt hätten" (B1: 16). Darüber hinaus führe aber auch schon das Zusammenstoßen gleichartiger Interessen trotz der beschriebenen Heterogenität innerhalb der Gruppe unweigerlich zu einem sozialen Austausch, der nicht nur unbewusst stattfindet, sondern auch gezielt mit der Teilnahme angestrebt wird: „Die [gemeint sind die Teilnehmenden, C.S.] haben auch diese Marke auch ein bisschen mehr genutzt, um so mal Leute kennen zu lernen und so ein bisschen so, so was Kommunikatives als mehr als sage mal das Künstlerische zu benutzen" (B1: 22). So spielt auch das Knüpfen sozialer Kontakte über das Arbeiten in Gruppen eine wichtige Rolle bei der Entscheidung für die Teilnahme an einer Sommerakademie. Zudem führe eine kontinuierliche Teilnahme auch zu dem

---

19 Vgl. Unterkategorie „Der Teilnehmende als freiwilliger Partizipant und aktiver Mitgestalter des Kursgeschehens"

Entstehen von Freundschaften zwischen Teilnehmenden, die das Format auch nutzen, um diese zwischenmenschlichen Beziehungen zu pflegen (vgl. B5: 41). Es würden jedoch nicht nur Freundschaften entstehen (vgl. B5: 41), sondern auch ein spezifisch künstlerischer Austausch, der teilweise sogar Arbeitsgemeinschaften hervorrufe (vgl. B5: 23). Bei solchen Gruppierungen ginge es auch nicht „um eine Form von Kaffeeklatsch (...), sondern halt auch wirklich um einen intensiven Austausch über das Thema als solches" (B4: 15). Im Bereich der Darstellenden Kunst seien solche Überlegungen seitens der Kursleitenden sogar in verstärktem Maße notwendig, da die Arbeit in der Gruppe elementarer Bestandteil der Kunstform sei: „die Hauptaufgabe besteht auch darin, sie miteinander ins Spiel zu bringen, weil Theater ist ja eine soziale Kunst" (B2:11). So stehe die künstlerische Produktion, also das Schaffen von Kunst, in Abhängigkeit von den Spielpartner/innen und letztendlich dem Publikum – wird also durch die Gruppe bedingt (vgl. B2: 13).

Über solche durch die Lehrenden angeregten und natürlich entstandenen gruppendynamischen Prozesse könne der Widerspruch, trotz der knapp bemessenen Zeit für Individualunterricht jeden Einzelnen mit seinen Bedürfnissen in das Kursgeschehen einzubinden, bearbeitbar sein. Auch Spannungen und Diskrepanzen, die über das Arbeiten in und mit der Gruppe unweigerlich auftreten – „unterhalb der Leute, ne so Anschauungen, die völlig konträr sind und dann auch Lösungen, die völlig konträr sind" (B1: 18) – werden von den Befragten als fruchtbar und lernförderlich wahrgenommen: „Das ist ja nicht negativ, also es ist ja immer positiv" (B1:18), da darüber auch (künstlerische) Vorüberlegungen, Ideen und Herangehensweisen neu überdacht und reflektiert werden können – soweit dies auch vom Kursleitenden aufgefangen und in diese Richtung gelenkt würde (vgl. B1: 76/B2: 13).

Lernen als multidirektionales und interdisziplinäres Lernen

In den vorherigen Ausführungen zum Arbeiten in und mit einer Gruppe wurde deutlich, dass Lernen nicht nur über eine klassische unidirektionale Lehrer-Schüler-Beziehung stattfindet, sondern vielmehr auch zwischen den Teilnehmenden selbst. So regen viele Befragte, wie weiter oben beschrieben, den Austausch innerhalb der Gruppe bewusst an, „weil die lernen voneinander verdammt viel" (B4: 23). Dies wird auf die Heterogenität, also die verschiedenen Erfahrungshintergründe, Ansprüche und Bedürfnisse der Teilnehmenden, zurückgeführt. Dabei betonen die Befragten, dass auch das Laienhafte und Unbedarfte in einer Herangehensweise besonders anregend sein könne und Lehren nicht unbedingt immer vom Erfahrenen ausgehen muss (vgl. B1: 76/B3: 19/B5: 25): „Aber darin sehe ich auch eine Chance in sozusagen in dem ungeschickten

Umgang mit Form und Farbe, das daraus eine ganz eigene Lösungsmöglichkeit entsteht (...) also es sind immer wieder Anregungen, die auch aus dieser Ecke kommen von Leuten, die noch gar nicht so weit sind" (B5: 25). Diese Gegenseitigkeit beim Lernen beschreiben die Befragten auch für die Beziehung zwischen sich selbst und den Teilnehmenden. Zwar würden die Lehrenden auch aufgrund ihres professionellen Hintergrundes und ihrer Rolle als Kursleiter/in stärker als Impulsgeber auftreten (vgl. B4: 25), doch würde auch die Beziehung zu den Teilnehmenden ein „Geben und Nehmen" (B3: 19) sein und auf einer „Basis des Teilhabens und Teilens" (B4: 27) beruhen, sodass auch für den Lehrenden eine „Rückkopplung" (B5: 25) stattfinde, die ihn auch selbst zur Weiterentwicklung anrege, sowohl im künstlerischen als auch didaktischen Bereich (vgl. B3: 19/B4: 26-27/B5: 25). So zeigt sich das Lernen im Rahmen der Sommerakademie als multidirektionales Lernen, bei dem alle Beteiligten die Möglichkeit zur Weiterentwicklung erfahren.

Darüber hinaus sind Lernprozesse in der Sommerakademie auch durch die interdisziplinären Strukturen der Veranstaltungsform geprägt. Bereits innerhalb der Bereiche Bildende und Darstellende Künste werden durch die gezielte Zusammenstellung der Künstler/innen auch möglichst verschiedene Arten der Herangehensweise aufgezeigt, bspw. von der freien Malerei bis hin zum strengen akademisch orientierten Aktzeichnen (vgl. B5: 33/B4: 11). So können zum einen die differenten Bedürfnisse der Teilnehmenden gedeckt, aber auch Lernprozesse über diese hinaus angeregt werden, indem die Kurse untereinander Ergebnisse präsentieren oder sich besuchen. Diese Möglichkeit bestehe auch zwischen den Hauptbereichen, indem beispielsweise eine Zeichengruppe einen Tanzkurs besuche, um Bewegungsstudien anzufertigen. So könne das Interesse auch für scheinbar fremde Disziplinen geweckt werden (vgl. B2: 89/B5: 33). In diesem Kontext betonen die Befragten wieder, dass auch hier nicht nur die Teilnehmenden von diesen Erfahrungen profitieren, sondern dass auch die Lehrenden selbst über den Kontakt mit anderen Kursleitenden ihren Erfahrungsraum erweitern: „Und das war (...) unglaublich spannend für Bildende Künstler zu sehen, dass ich ähnlich arbeite wie sie (...) und das ist mir aber auch erst bewusst geworden, weil ich durch die Werkstätten gegangen bin" (B2: 89).

Die Strukturen der Sommerakademie bieten den Lehrenden also die Möglichkeit, Lernprozesse multidirektional und interdisziplinär anzulegen, indem Chancen der Partizipation innerhalb des Kurses, innerhalb des eigenen Bereiches und zwischen den verschiedenen Bereichen eröffnet werden.

6.3 Selbstverständnis als professionelle/r Kunstvermittler/in

Ein ebenfalls sehr häufig diskutiertes Themenfeld bezüglich der Potenziale und Herausforderungen, die eine Sommerakademie den Lehrenden bietet, umfasst die Beschreibungen des Selbst- und Professionsverständnis der Befragten. Dabei zeigt sich in der Auswertung der Daten, dass die Befragten ihre Rolle als Künstler/in zum einen und als Kursleiter/in zum anderen zunächst einmal voneinander differenzieren, um deren jeweilige Bedeutung für die Lehre aufschlüsseln zu können. Interessant ist, dass die Rolle als Künstler/in fast nebensächlich thematisiert wird. Vielmehr scheint diese Rolle geklärt und weniger diskussionsbedürftig zu sein, da diese für die Befragten die primäre Identifikationsfigur und hauptsächliche Berufsbezeichnung vorgibt. Die Rolle als Kursleiter/in wird hingegen ausführlicher thematisiert, da diese auch immer wieder neu erprobt und aufgeschlüsselt werden muss. Besonders intensiv wurden in diesem Zusammenhang auch die Spannungen diskutiert, die zwischen dem Künstler-Sein und den pädagogischen Anforderungen, die an einen Kursleitenden gestellt sind, wahrgenommen werden. Gleichzeitig wurde aber auch der Umgang mit diesen Herausforderungen thematisiert, indem die Befragten auf die Prozesse und Strategien von Professionalisierung im Rahmen ihrer Tätigkeit eingegangen sind.

Der/die Künstler/in als authentische Leitfigur

Kunstschaffen ist eng verbunden mit der Vorstellung vom Kunstschaffenden, also dem Künstler oder der Künstlerin. Viele Werke leben auch durch die Aura des Schöpfers und so geht von der Künstlerpersönlichkeit oft eine hohe Anziehungskraft und Faszination aus. Zwar grenzen sich die Befragten von einem international namhaften und teilweise elitären Künstlertum ab (vgl. B3: 87/B5: 61), betonen aber dennoch, wie wichtig es sei, in der Sommerakademie in erster Linie als Künstler/in präsent zu sein (vgl. B1: 54/B4: 53/B5: 33): „Da ist es wirklich wichtig halt, dass wir (...) unsere Position als Künstler eigentlich mehr in den Vordergrund, also unsere Wahrnehmung auf Gesellschaft und Weltsicht (...) vermitteln" (B4: 53). Nur so könne die eigentliche Kunstvermittlung von dem Teilnehmenden auch als authentischer Prozess wahrgenommen werden. Die Ausübung dieses Tätigkeitsfeldes durch andere berufliche Zugänge wird von den Befragten deshalb auch eher skeptisch betrachtet: „Ich glaube es wäre problematisch, wenn Kunsterzieher das machen würden (...) ich glaube, wenn die Künstler aus ihrem eigenen Arbeitsprozess kommen, dass das (...) das ist, was gesucht wird, zu sagen (...) ich komme eigentlich aus meinen Atelier, von meiner Staffelei" (B5: 33). Damit nehmen die Befragten auch die Rolle einer authentischen Leitfigur ein, die sie durch ihr Künstler-Sein ausfüllen. Dies bedeutet für die Kursleitenden aber auch, den Teilnehmenden die Möglichkeit zu bieten, an diesem Künstler-Sein teilzuhaben, indem „Künstler etwas von sich abgeben (...) also von dem was sie gedanklich produzieren auch" (B1: 54). Es geht also nicht darum, das eigene Werk zu präsentieren, sondern aufzuzeigen, wie man sich als Künstler/in einer Idee nähert, welchen Umgang man mit dem Material finden und wie eine Umsetzung aussehen kann. Man könnte auch von einem gewissen Künstlerhabitus sprechen, den die Befragten im Rahmen ihrer Tätigkeit als Kunstvermittler/innen als notwendig diskutieren. Dieser würde aber auch durch verschiedene gesellschaftliche Vorstellungen und normative Zuschreibungen geprägt werden, die jedoch mit der Realität häufig weniger zu tun haben. So sei es auch ein Anliegen, mit solchen Vorstellungen wie der des einsamen Genies aufzuräumen und ein realitätsnäheres Bild des Künstlers zu vermitteln (vgl. B1: 76/B2: 87): „Ideen klauen ist eines der wichtigsten Dinge in der Kunst, man kann das nicht alles alleine schöpfen, wir sind keine Götter" (B1: 76). Dies im Kurs aufzuzeigen, sei eine wichtige Aufgabe, um auch die Schwellenangst vor dem eigenen Kunstschaffen zu nehmen.

Der/die Kursleiter/in als vertraute/r Begleiter/in von (Selbst)Lernprozessen

In Anlehnung an die zuvor aufgezeigten Deutungen bezüglich des Künstler-Seins, käme den Befragten in ihrer Rolle als Kursleitende vor allem eine Begleitfunktion zu (vgl. B1: 46/B4: 19). Den Teilnehmenden solle nicht etwa ein bestimmter Stil oder eine konkrete Herangehensweise aufgezwungen werden, vielmehr sei es die Aufgabe des Kursleiters die Teilnehmer/innen bei ihren Lernprozessen so zu begleiten, dass sie in der Lage sind, mit Hilfe der erlernten Techniken eine eigene künstlerische Ausdrucksweise zu entwickeln (vgl. B1: 38). Um dies zu ermöglichen, sei es zum einen wichtig, eben keinem standardisierten und konformen Handeln nachzugehen, sondern mit Blick auf die Heterogenität der Teilnehmerschaft flexibel auf die jeweiligen Bedürfnisse zu reagieren: „von daher gibt es da nicht irgendwie so ein, ein Geheimrezept oder wie gesagt der Mensch ist so, so individuell und da reagieren wir auch sehr individuell darauf" (B4: 47). Trotz der Ermöglichung und Unterstützung der eigenen stilistischen Ausdruckskraft, müsse den Teilnehmenden auch ein gewisser Orientierungsrahmen gesetzt werden. Dies erfolgt über die Wahl eines übergeordneten Themas, Materials oder Werkzeugs: „sonst ist es uferlos halt so und man würde sich total verlaufen" (B4: 19). Der Verweis auf den Begriff des Verlaufens unterstreicht an dieser Stelle auch noch mal die Begleit- und Unterstützungsfunktion der Kursleitenden, die den Teilnehmenden dazu verhelfen, sich in der Aufgabe des eigenen Kunstschaffens zurecht zu finden. Dafür bedarf es aber auch klarer und ehrlicher Korrekturen, der Teilnehmende müsse also auch auf mögliche Fehlerquellen aufmerksam gemacht werden: „auch wenn ich manchmal nicht so korrigiere, dass es ihnen sage mal Lust und Laune macht wieder zu kommen" (B1: 38). Um einem solchen drohenden Dropout entgegenzuwirken, sei es deshalb notwendig, den Teilnehmenden die Prozesshaftigkeit des Lernens und Anwendens bewusst zu machen und sie in ihren gemachten Schritten wertzuschätzen (vgl. B1: 38). Dazu gehöre es auch, Vertrauen zwischen den Teilnehmenden und den Kursleitenden aufzubauen, was die Befragten weitestgehend durch ein Auftreten auf Augenhöhe und dem Vermeiden hierarchischer Strukturen zu erreichen versuchen (vgl. B2: 73/B4: 43): „Dadurch, dass mich da alle kennen als Werkstattleiter, bin ich ihnen sehr vertraut (...) also da ist schon so, so eine Schwelle genommen" (B2: 73). Über ein solches Vertrauen entstehe auch eine starke persönliche Bindung an die Person der/des Kursleiters/in, sodass die Gruppe immer auch aus einem Kern schon bekannter, immer wiederkehrender Teilnehmer/innen bestünde. Auch dies ermögliche, trotz geübter Kritik und Korrektur, die Teilnehmenden zu einer kontinuierlichen Teilnahme zu motivieren und eventueller Frustration entgegenzusteuern (vgl. B1: 66/B3: 29). Diese persönliche Bindung an eine/n Kursleiter/in wird von den Befragten zwar als ein allgemeines Phänomen von freiwillig besuchten Weiterbildungsveranstaltungen erkannt – „und das kenne ich jetzt von allen Orten, wo ich unterrichte, dass die wegen der Person kommen und nicht nur wegen dem Inhalt" (B3: 29) – wird aber aufgrund der Intensität einer Sommerakademie in dieser besonders stark wahrgenommen (vgl. B2: 73). Ein solch starkes Vertrauen wird zwar überwiegend positiv und als elementare Bedingung empfunden – „das ist ja eine Grundvoraussetzung, die ich schaffen muss, damit so ein Kurs gut läuft" (B2: 73) – müsse aber auch, so zumindest nach B1, reguliert werden, damit die Selbstständigkeit des Einzelnen nicht vom Kursleitenden abhängig wird. So müsse man sich insbesondere außerhalb der eigentlichen Kurszeit, in der viele der Teilnehmenden noch intensiv weiter arbeiten, auch von der eigenen Rolle loslösen können: „Also da überlasse ich alle auch ihrem eigenen Schicksal (...) weil ich sage, okay das ist jetzt eure Zeit, das organisiert ihr" (B5: 41). Begleiten bedeutet in diesem Zusammenhang also auch, sich selbst als Kursleiter/in zurücknehmen zu können, um den Teilnehmenden die Möglichkeit zu geben, selbstständig zu werden.

Spannungsfeld zwischen künstlerischer Profession und pädagogischen Anforderungen

Im Zuge der Ausdeutungen bezüglich der Rollen als Künstler/in und als Kursleiter/in betonen die meisten Befragten auch, dass sie keine konkrete pädagogische Ausbildung durchlaufen haben, sondern in erster Linie freischaffende Künstler/innen seien (vgl. B1: 30/B3: 21/B4: 85/B5: 33). Lediglich eine/r der Befragten gab an, sich in der künstlerischen Ausbildung auch mit Theorien und Methoden des Lehrens auseinandergesetzt zu haben. Dabei sei dies aber insbesondere für den Bereich der Darstellenden Künste keine Ausnahme, da viele Berufe vergleichsweise kurzlebig ausgeübt werden könnten und die Künstler/innen dann auf ein zweites Standbein angewiesen seien (vgl. B2: 15-17). Während in diesem Fall das Unterrichten und Vermitteln als vertraute Handlungspraxis wahrgenommen wird – „Und insofern bin ich immer zweigleisig gefahren" (B2: 5) – empfinden die anderen Befragten dies oft auch als Herausforderung. Insbesondere die zeitlich intensive Arbeit mit großen Gruppen, in denen eben sehr heterogene Bedürfnislagen vorherrschen, wird von den meist als Solisten arbeitenden Künstler/innen als ungewohnt und oftmals anstrengend bewertet: „Das ist so wie Marathon laufen, du bist die ganze Zeit bei den einen und anderen" (B1: 18) oder auch „Drei Wochen, das ist wirklich ein Dauerlauf (...), das ist wirklich eine lange Strecke und ein kleiner Marathon" (B5: 37). Die in diesem Kontext gleich von zwei Befragten gewählte Metapher des Marathon Laufens unterstreicht die als große Herausforderung wahrgenommene Arbeit als Kursleiter/in in der Sommerakademie, für die sich ein neues Anforderungsprofil ergibt. Denn die beiden Rollen, die die Befragten als unterrichtende Künstler/innen zusammenführen, grenzen sich zunächst einmal voneinander ab: „Und meistens sind natürlich auch die großen Künstler nicht die großen Pädagogen" (B3: 87). In der Kunstvermittlung müsse diese Grenze jedoch aufgehoben werden und ein Changieren zwischen Künstler-Sein und der Repräsentation desselben[20] und der Konzentration auf die Teilnehmenden als Kunstschaffende stattfinden. Die Arbeit in der Sommerakademie beschreiben die Befragten deshalb auch als „Zwischenbereich" (B3: 87) oder als „Mischformen" (B2: 45). Um nun im Feld der Kunstvermittlung arbeiten zu können, bedürfe es deshalb auch „eine(r) pädagogische(n) Hand" (B2: 31) oder „ein(es) pädagogischen Geschick(s)" (B3: 21), welches die künstlerisch-fachlichen Kenntnisse ergänzt. Die Befragten sprechen in diesem Zusammenhang auch von einer „pädagogische(n) Fähigkeit" (B3: 21), die in dem Kursleitenden angelegt sein müsse, wenn sie eben nicht über die berufliche Ausbildung eingeworben wurde. Dies umfasst neben der Freude am Vermitteln, vor allem die Arbeit mit Gruppen und das Aufschlüsseln der individuellen Bedürfnisse (vgl. B3: 25/B1: 30/B2: 5/B5: 45). An dieser Stelle grenzen sich die Befragten aber auch stark von einer psychologischen oder therapeutischen Arbeit ab, da dies die eigenen Kompetenzen und Fertigkeiten überträfe und auch nicht als Funktion der Sommerakademie betrachtet wird, in der das eigentliche Kunstschaffen im Vordergrund stehe (vgl. B1: 30/B2: 73/B3: 39/B4:

---

20 Vgl. auch Unterkategorie „Der/die Künstler/in als authentische Leitfigur"

19/B5: 37). Da sich über die intensive, teils über mehrere Wochen stattfindende künstlerische Auseinandersetzung aber auch außerkünstlerische, persönliche Probleme bei den Teilnehmenden lösen würden (vgl. B1: 30/B5: 37), wären die Befragten aber auch immer wieder damit konfrontiert, diese Grenze abstecken zu müssen, bzw. einen Umgang damit zu finden. Fragen wie „Was mache ich eigentlich? Bin ich Psychologe oder bin ich hier eigentlich Künstler und vermittle was?" (B1: 30) müssen dann konkret gestellt und für sich beantwortet werden. Um solche Situationen wieder auflösen zu können, greifen die Befragten auf unterschiedliche Herangehensweisen zurück, die sich zwischen dem Umlenken solcher außerkünstlerischen Emotionen in einen künstlerischen Ausdruck (vgl. B2: 79) und der Ablenkung von denselben bewegen: „Und eigentlich sehe ich es als meine Aufgabe, die Leute da rüber zu heben und zu sagen und trotzdem zeichnet man jetzt (...), weil ich finde das Thema das Kurses ist eigentlich sich mit ja auch was Schönem zu beschäftigen" (B3: 39). Der/die Kursleiter/in verweist hier also auch konkret auf das Charakteristikum der Veranstaltungsform, nach welchem die Sommerakademie als Urlaubsgestaltung und Abgrenzung zum Alltag verstanden werden soll, in der die künstlerische Auseinandersetzung im Mittelpunkt steht.

Professionalisierung zwischen Ausbildung und Erfahrung

In Anlehnung an das beschriebene Spannungsverhältnis thematisieren die Befragten eine Professionalität und Professionalisierung, die über verschiedene berufsbiographische Erfahrungen resultiert und wächst. Da nur in einem Fall auch Pädagogik Bestandteil der künstlerischen Ausbildung war, diskutieren die Befragten ihre Professionalität weniger über ihren beruflichen Abschluss oder etwaige Zertifikate als vielmehr über die aus der beruflichen Praxis gewachsenen Erfahrungen. Auch bei der Auswahl der Kursleitenden einer Sommerakademie würden die Bildungsabschlüsse nur eine gleichwertige Rolle neben der eigentlichen, individuellen künstlerischen Praxis und den Vermittlungskompetenzen einnehmen (vgl. B1: 62/B5: 45).

Insbesondere die als pädagogische Fertigkeiten und Kenntnisse eingestuften Fähigkeiten zum Umgang mit Gruppen und Methoden der Vermittlung würden hauptsächlich über die eigenen Lehrerfahrungen eingeworben werden. Diese setzen bereits bei der Orientierung an der eigenen Ausbildungszeit und das damalige Vorgehen der Lehrenden an: „Man verbindet ja mit der Lehre immer das, was man selbst mal empfangen hat während eines Hochschulstudiums oder der vorherigen Ausbildung" (B1: 14). So kann man auch aus den eigenen Lernerfahrungen schöpfen und diese in die eigene Vermittlungsarbeit einfließen lassen (vgl. B2: 17). Den größten Erfahrungspool biete jedoch die eigene

Lehrtätigkeit an der Sommerakademie. Insbesondere langjährige Dozent/innen berichten von einer permanent stattfindenden Aneignung didaktischer Kenntnisse, auf die situationsbedingt zurückgegriffen werden könne (vgl. B1: 36/B2: 43/B5: 33). Diese Kenntnisse würden zudem helfen, auch auf neue und unbekannte Situationen entsprechend reagieren und sich auf die eigene Intuition verlassen zu können: „Inzwischen ist es doch so, dass ich darauf vertrauen kann, es fällt mir was ein" (B2: 43). Über diese didaktischen Fertigkeiten und Kenntnisse hinaus würde durch die Lehrtätigkeit außerdem die eigene künstlerische Arbeit an Qualität gewinnen. So würde durch die Vermittlung auch seitens der Lehrenden noch mal eine Vertiefung stattfinden – „Meine Zeichnungen werden besser dadurch (...) ich habe sehr davon profitiert, dass ich an der Sommerakademie (Fach) unterrichtet habe" (B3: 17). Hinzu komme, dass durch die sehr individuellen Herangehensweisen der Teilnehmenden immer wieder auch neue Impulse entstehen, die die Kursleitenden auch für ihre eigene Arbeit wieder aufnehmen können (vgl. B5: 29). Darüber hinaus biete die Sommerakademie durch das Rahmenprogramm auch noch mal die Möglichkeit, sich als Künstler/in zu profilieren, indem z.B. Ausstellungen für die Kursleitenden organisiert würden (vgl. B3: 41/B2: 53). In diesem Zusammenhang wird auch der Austausch mit anderen Lehrenden der Sommerakademie als Möglichkeit zur Professionalisierung wahrgenommen. So gewinne man viele Anregungen zu neuen Methoden, Inhalten, Themen und Herangehensweisen oft über Gespräche mit Kolleg/innen oder über Besuche der anderen Werkstätten (vgl. B2: 87/B5: 29): „Und ich habe dann angefangen irgendwann so, weil ein Freund von mir (...) der hat auch Vorträge angeboten (...) mit Dias, über Farbe, Bildkomposition. Und ich dachte dann, das wäre natürlich auch gut" (B1: 36). Das Lernen seitens der Kursleiter/innen findet also durch die Lehre und den dort stattfindenden Austausch mit den Teilnehmenden als auch Kolleg/innen statt.

Außerhalb der Sommerakademie wird auch das Lehren in anderen Bildungssettings für die Arbeit als Kunstvermittler/in als sehr profitabel eingeschätzt: „Meine mehr oder weniger Fortbildung besteht dann oft darin, dass ich in völlig anderen Bereichen arbeite" (B2: 41). Viele der dort angewandten Techniken, Herangehensweisen und/oder Themen seien in modifizierter Form auch für die Sommerakademie relevant und könnten dort wieder zum Einsatz gebracht werden. Die Lehre in anderen Veranstaltungen unterstütze außerdem dabei, eine Kontinuität bezüglich der Erfahrungen herstellen zu können, da die Sommerakademie selbst ja nur ein Mal im Jahr stattfinde (vgl. B3: 29/B1: 34).

Nicht zuletzt sei eine kontinuierliche Anfrage durch die Sommerakademie auch ein wichtiger Ausdruck für die eigene Professionalität, die durch die jährliche Wiedereinstellung als Kursleiter/in ihre Bestätigung findet (vgl. B1: 64).

6.4 Aufgaben und Ziele der Lehre

Im Kontext der Aufgaben und Ziele, die die Befragten mit der Lehre an der Sommerakademie verbinden, zeigt sich, dass zunächst die Auseinandersetzung mit kunstspezifischen Fertigkeiten, Themen und Fragen als klassischer Aufgabenbereich der Vermittlung benannt wird. Darüber hinaus sollen die Teilnehmenden aber auch in der Entwicklung ihrer künstlerischen Selbstständigkeit gefördert werden, um die Abhängigkeit vom Lehrenden schrittweise aufzulösen. Dies hängt stark mit dem Ziel zusammen, die Teilnehmenden auch über die Kurszeit hinaus zur kulturellen Teilhabe zu befähigen. Nicht zuletzt sehen die Befragten es auch als dringende Aufgabe, Anerkennung und Wertschätzung gegenüber einer (bzw. ihrer) künstlerischen Professionalität zu schaffen und sich damit auch vom Teilnehmenden als Laien abzugrenzen.

Auseinandersetzung mit kunstimmanenten Fertigkeiten, Themen und Fragen

Ein großer Bereich der Vermittlungsarbeit in der Sommerakademie umfasst die Auseinandersetzung mit kunstspezifischen Fertigkeiten, Themen und Fragestellungen. Dazu gehöre in erster Linie die Vermittlung von technischen, handwerklichen Fertigkeiten, was in erster Linie den Umgang mit Perspektiven und Proportionen sowie Farbe und verschiedenen Materialien als gestaltende Elemente beim Bilden eines Kunstwerkes umfasst (vgl. B1: 12, 36/B3: 15/B5: 13). Auch im Bereich der Darstellenden Künste wird die Vermittlung von grundlegenden Atemtechniken und Körperübungen als zentrale Aufgabe betrachtet (vgl. B2: 35/59). Dies sei jedoch „das einfache, was man vermitteln kann" (B5: 13), da es sich dabei um die „klassischen Dinge" handele, „die man an der Hochschule auch lernt" (B1: 12). Die Intensität der Veranstaltungsform Sommerakademie lasse es jedoch darüber hinaus auch zu, die Teilnehmenden auf die Prozesshaftigkeit des Kunstschaffens aufmerksam zu machen. Die zirkulär verlaufenden Vorgänge des Wahrnehmens, der künstlerischen Übersetzung und ihrer Reflektion bedürfen Geduld und Zeit, um zu einem qualitativ hochwertigem Ergebnis zu gelangen (vgl. B1: 14/B3: 15): „Nicht dass das nur so eine Sommerakademie ist, wo man nur so seine Bilder runter schrubbt und mit zehn Dingern nach Hause geht" (B1: 38). Um die Teilnehmenden in dieser Hinsicht zu sensibilisieren, schaffen einige der Befragten die Möglichkeit einer intensiven Auseinandersetzung mit einem Thema oder einer Technik, indem auch ein Blick in die Historie derselben geworfen und der gegenwärtige Umgang mit diesen aufgezeigt wird oder auch die interdisziplinären Zusammenhänge zu anderen Themen oder Techniken sichtbar gemacht werden (vgl. B1: 38/B2: 59/B3: 57). So können auch Präsentationen und Vorträge in die Kurse eingebaut werden, „dass man neben dem ganzen praktischen Tun auch mal so ein bisschen vermittelt, (...) dass das eben auch viel mit Überlegen und darüber Nachdenken oder über, also es ist einfach ein gestaltendes, also das heißt nicht umsonst Bildende Kunst und nicht einfach untermalende Kunst oder so" (B1: 36). So spielt also das Bewusstmachen über das eigenaktive und schöpferische Kunst-Schaffen seitens der Teilnehmenden eine große Rolle für die Lehre an der Sommerakademie (vgl. auch B4: 17). Nicht zuletzt begleiten deshalb auch Metafragen wie „Was macht Kunst aus?" und „Ist Kunst überhaupt möglich?" (B1: 38) das Kursgeschehen, indem auch diese mit den Teilnehmenden reflektiert werden. Diese Anreize zur weiterführenden theoretischen Auseinandersetzung sollten letztendlich aber wieder in einen Zusammenhang mit den erlernten Techniken gebracht werden, denn der „Schwerpunkt (liegt) bei der künstlerischen Gestaltung" (B3: 63), also dem eigentlichen Kunstschaffen durch den Teilnehmenden.

Förderung der künstlerischen Selbstständigkeit

Die vorherigen Ausführungen deuten bereits auf die von den Befragten ausgemachte Aufgabe hin, die künstlerische Selbstständigkeit der/des Teilnehmenden zu fördern. Vordergründig ist dabei die Ausbildung eines künstlerischen Blicks – „dass man das Schauen lernt" (B1: 14) – der das Motiv nicht nur über den Sehsinn aufnimmt, sondern hinsichtlich des eigenen Vorhabens reflektiert und entsprechend in Szene setzt. Zu einer künstlerischen Selbstständigkeit gehöre nämlich insbesondere das Schöpferisch-Werden, Erfinden und Kreieren des Neuen (vgl. B1: 44/B4: 77), was sich vor allem in dem persönlichen Duktus, also der individuellen Ausdrucksart wiederspiegele, die den/die Künstler/in von anderen Kunstschaffenden abgrenze (vgl. B1: 38/B4: 17/B5: 13). Um in künstlerischer Hinsicht „Laufen (zu) Lernen" (B4: 23), bedarf es deshalb eines hohen Einsatzes seitens der Teilnehmenden in Form einer sowohl körperlichen wie geistigen Auseinandersetzung mit dem eigenen Kunstschaffen. Die Intensität der Veranstaltungsform Sommerakademie ermögliche in relativ kurzer Zeit diese Konfrontation, indem die Teilnehmenden sich sowohl schöpferisch als auch erschöpft wahrnehmen, ihre Grenzen austesten und Lösungen zur Überwindung dieser entwickeln können (vgl. B1: 44/B3: 59/B4: 77). Die Kursleitenden verweisen in diesem Zusammenhang auf ihre „Begleitfunktion" (B1: 46) bei diesen Prozessen, die ein Stück weit auch Prozesse der Verleiblichung sind, also in die Wahrnehmungs- und Ausdruckslogiken der Teilnehmenden übergehen. An dieser Stelle verweist B4 auch darauf, dass die künstlerische Potenz, zumindest aber der Drang zur künstlerischen Entfaltung bereits im Menschen angelegt und „so was ganz Ursprüngliches ist" (B4: 77). Aufgabe der Kursleitenden sei es deshalb, beim Entfalten dieser Anlagen zu unterstützen, also „zum

Spielen (zu) verführen" (B2: 9), sodass der Teilnehmende sich dieser bewusst wird und später eigenständig zum Einsatz bringen kann. Mit einer solchen wachsenden künstlerischen Selbstständigkeit findet auch eine zunehmende Ablösung vom Kursleitenden statt, was wiederum auf den eigenen Lehrerfolg zurückgeführt wird: „So eine Selbstständigkeit ist für mich eher die Bestätigung, dass es [gemeint ist die Art der Lehre, C.S.] funktioniert" (B4: 23). Diese Verselbstständigung kann zu einer solchen Professionalisierung führen, dass der Status des Lernenden zeitweise verlassen wird, weil die Teilnehmenden „eigentlich Künstler geworden sind (...) also sind dann sozusagen Kollegen geworden" (B5: 43). In diesem Zusammenhang verweisen die Befragten auch noch mal auf ein die Sommerakademie prägendes multidirektionales Lernen zwischen Teilnehmenden und Kursleitenden, das insbesondere über die beschriebene Entwicklung der künstlerischen Selbstständigkeit seitens der Teilnehmenden befördert wird: „ Ja das ist ja wirklich sozusagen so ein doch dynamischer Prozess zwischen uns, zwischen den Teilnehmern und den Lehrenden" (B5: 29).

Befähigung zur nachhaltigen kulturellen Teilhabe

Die Förderung zur Entwicklung einer künstlerischen Selbstständigkeit wird von den Befragten noch weitergehend diskutiert, indem die Befähigung zur nachhaltigen kulturellen Teilhabe zu einem weiteren Ziel erklärt wird (vgl. B2: 59/B3: 67/B4: 29/B5: 11). Die Erfahrung, selbst Kunst zu schaffen und sich als produktives kulturelles Wesen wahrzunehmen, sei Voraussetzung für die (produktive als auch rezeptive) Partizipation am kulturellen Geschehen der Gesellschaft: „Wo soll denn das Publikum herkommen, wenn sie es nicht selber mal erfahren haben?" (B2: 67). Die Sommerakademie biete demnach die Möglichkeit, künstlerisch-kulturelle Interessen nachhaltig zu stärken, indem z.B. weitere Veranstaltungen besucht werden und so auch der Blick für noch unbekannte Kunstbereiche geöffnet wird: „Sei es, dass er plötzlich anfängt zu lesen, bestimmte Autoren, dass er mitkriegt, Aristoteles, der hat was gesagt über Theater oder über Komposition?" (B2: 59). In diesem Zusammenhang bedeutet die Befähigung zur kulturellen Teilhabe für die Befragten also auch, nicht nur vorhandene Interessen der Teilnehmenden aufzugreifen und zu intensivieren, sondern den Blick auch darüber hinaus zu öffnen und für neue und innovative Auseinandersetzungen mit Kunst zu ermutigen (vgl. B4: 13/B5: 29). Gleichzeitig müsse der Teilnehmende auch in die Lage versetzt werden, sich in der Angebotsvielfalt der Kulturellen Bildung zurechtfinden zu können, um Resignation und damit das Vermeiden solcher Veranstaltungen vorzubeugen (vgl. B5: 13). Die Sommerakademie biete hier die Möglichkeit, sich innerhalb des gewählten Kurses vertiefend mit einer Thematik oder Technik auseinanderzusetzen und „seinen Weg zu finden" (B5: 13), ohne dass die künstlerische Perspektive verengt werde, indem auch die Nähe zu den anderen Veranstaltungen durch z.b. gegenseitige Erkundungen genutzt wird (B5: 33). Ein in der Art positiv verstärktes Interesse an kulturellen Objekten, Ereignissen und Prozessen mündet im Idealfall auch in den Alltag ein und bleibt nicht länger ein „Ausnahmezustand" (B4: 29). Da dies von vielen Teilnehmenden aber nur bedingt realisiert werden könne, stellt die Sommerakademie trotz ihrer nachhaltigen Auswirkungen einen jährlichen Höhepunkt dar (vgl. B1: 44). In diesem Zusammenhang beschreiben die Befragten auch das Rahmenprogramm der Sommerakademie Marburg als unterstützendes Element bei der Befähigung zur kulturellen Teilhabe. Bereits während der eigentlichen Veranstaltung wird den Teilnehmenden so die Möglichkeit gegeben, sich über den eigenen Kurs hinaus weiterzubilden (vgl. B2: 53/B5: 55) und sich selbst über eigene Ausstellungen als Teil des kulturellen Geschehens zu präsentieren und zu positionieren (vgl. B1: 56). Hier wird wiederum auf die so entstehende künstlerische Selbstständigkeit verwiesen, die letztendlich auch Auswirkungen auf andere lebensweltliche Bereiche haben könne. Die Befähigung, kreative Problemlösungen beim Kunstschaffen zu entwickeln, können sich die Teilnehmenden oft auch im Alltag zunutze machen. Auch die Erfahrung, Teil kultureller Genese zu sein, verbleibe selten nur auf künstlerischer Ebene, vielmehr findet sie oft auch einen sozialen oder politischen Ausdruck, indem z.B. der „demokratische Gedanke" (B4: 59), also das Bewusstsein auch über ein Recht auf politische Teilhabe zu verfügen, gestärkt würde. Dies wird von den Befragten jedoch eher sekundär diskutiert, zentral und dominant sei in erster Linie die Absicht, zur weiteren künstlerischen Arbeit zu bewegen.

Anerkennung schaffen für künstlerische Professionalität

Die Erfahrung einer sich entwickelnden künstlerischen Selbstständigkeit und das Erlebnis, aktiv am kulturellen Geschehen teilzunehmen, berge zugleich die Gefahr, dass Teilnehmende ihre künstlerischen Kompetenzen überschätzen und die Abgrenzung zum professionellen Künstler verschwimmt. Dies wird als große „Gefahr" (B2: 31/B3: 79) wahrgenommen, da zum einen die Wertschätzung gegenüber Kunstobjekten und deren Urheber/innen sinke – „also dann ist es so, dass man jetzt durch das Museum geht und sagt,(...) das ist ja so ein Geschmiere, das kann meine Tochter besser" (B3: 81). Zum anderen entstünde auch eine gewisse Konkurrenz, da sich manche Teilnehmenden auch (mehr oder weniger erfolgreich) den Kunstmarkt oder das Feld der Kunstvermittlung erschließen wollen (vgl. B1: 28/B2: 31/B3: 83): „Ins Museum kommt Lischen Müller nie, aber (...) sie hat einen Markt und den füttert man natürlich, indem man Sommerakademiekurse gibt" (B3: 83-85). Dies hänge auch mit einer fehlenden oder ungenügenden künstlerischen Sozialisation zusammen, die auch durch den (oft marginalisierten) schulischen Kunstunterricht nicht abgefangen werden könne (vgl. B3: 81, 109). Die Befragten sehen es deshalb auch als ihre Aufgabe, Anerkennung für die eigene künstlerische Professionalität zu schaffen und damit die Grenzen zur Laienkunst zu ziehen (vgl. B1: 36/B2: 11/B3: 81). In diesem Zusammenhang betonen die Kursleitenden, dass professionelles Kunstschaffen eine berufliche Komponente habe, während die meisten Teilnehmenden in der Sommerakademie einer Freizeitbeschäftigung nachgingen: „Also ich versuche natürlich auch klar zu machen, wie viel Arbeit dahinter steckt, was dann hinterher so leicht aussieht auf der Bühne, das ist ja zum Teil Schwerstarbeit" (B2: 11). Dies bedeute gleichzeitig, dass ein ökonomischer Bezug zum Kunstschaffen und eine existenzielle Abhängigkeit vom Verkauf der geschaffenen Werke vorherrsche: „Es ist eine ganz andere Nummer, wenn du jeden Tag davon leben musst (...) immer ausstellen und viel verkaufen (...) du musst da immer und immer und immer wieder ja, das ganze Leben" (B1: 62). Der Hinweis auf auch prekäre soziale Lagen gegenwärtiger Künstler/innen, die selten ein geregeltes Einkommen beziehen würden, wird deshalb auch oft in den Diskurs mit den Teilnehmenden eingebracht. Darüber hinaus sollten die Teilnehmenden aber auch in ihrem eigenen Kunstschaffen die Anforderungen professionellen künstlerischen Arbeitens erfahren können. Allein die zeitliche Intensität der Veranstaltungsform würde dies schon hervorrufen: „Weil die merken, acht Stunden jeden Tag Malen ist Arbeit, du bist platt" (B1: 44). Dies wird durch die Anforderungen, die die Kursleitenden an qualitativ hochwertige Arbeiten stellen, noch unterstützt: „Der Anspruch in dem Kurs ist so, dass man schon merkt, man muss ziemlich hart arbeiten, um ein gewisses Können zu entwickeln" (B3: 87). Gleichzeitig sind die Kursleitenden aber auch darauf angewiesen, die Frustrationen, die darüber bei den Teilnehmenden entstehen können, aufzufangen und weiterhin zu motivieren (vgl. B5: 13/B1: 44). Dieser Spagat könne also nur gelingen, wenn den Teilnehmenden der Qualitätsunterschied zum professionellen Kunstschaffen aufgezeigt wird, ohne dass ihnen ihre künstlerische Selbstständigkeit abgesprochen würde.

6.5 Entwicklungsperspektiven von Künstler/innen in Sommerakademien

Im Zuge eines abschließenden Blicks auf die Entwicklungsperspektiven von Künstler/innen, die in Sommerakademien tätig sind, greifen die Befragten noch mal auf die bereits diskutierten Aspekte der Folgen bestimmter gesellschaftlicher Entwicklungen wie den demographischen Wandel zurück. In diesem Zuge nehmen die Befragten sowohl hemmende als auch förderliche Auswirkungen für die weitere Entwicklung der Veranstaltungsform Sommerakademie wahr. Auch die teilweise als prekär empfundenen sozialen Lagen gegenwärtiger Künstler/innen werden in diesem Zusammenhang ein zweites Mal aufgeworfen und die Möglichkeit, sich stärker als Cultural Entrepreneur im Bereich der Kunstvermittlung aufzustellen, diskutiert.

Sommerakademien im Kontext gesellschaftlicher Entwicklungen

Die Sommerakademie ist mit den Folgen verschiedener gesellschaftlicher Entwicklungen konfrontiert, die sowohl Potenziale als auch Herausforderungen für die Veranstaltungsform bedeuten. Bereits in den Ausführungen zu den prägenden Rahmenbedingungen von kultureller Bildung, die sich als Spannungsfelder der Sommerakademie offenbarten, wurde dies anhand der sich verändernden Altersstruktur in Deutschland und der daraus resultierenden zunehmend alternden Teilnehmerschaft rekonstruiert.[21] Die derzeit hohe Finanzkraft (vgl. B1: 68) stünde hierbei der Prognose einer steigenden Altersarmut (vgl. B5: 55) entgegen und die „Sehnsucht" nach „Sinnerleben" (B3: 93) im Alter durch künstlerische Auseinandersetzung wird durch abnehmende körperliche Ressourcen begrenzt, sodass früher oder später das Fernbleiben dieser Generation wahrscheinlich sei (vgl. B3: 53). Die Akquise jüngerer Teilnehmender wird deshalb als dringende Aufgabe formuliert (vgl. B1: 68/B2: 81/B5: 13). Um dies zu erreichen, müsse zum einen die künstlerische Sozialisation im Kindes- und Jugendalter gestärkt werden (beispielsweise über Zeichenunterricht), sodass Hemmschwellen gegenüber den verschiedenen Kunstformen abgebaut werden (vgl. B3: 109). Diese Aufgabe könne jedoch nicht von der Sommerakademie geleistet werden, die deshalb andere Wege der Akquise finden müsse. In diesem Zusammenhang wird von den Befragten eine starke Bedürfnis- und Nachfrageorientierung als wichtiger Bestandteil der Angebotsplanung diskutiert. Dabei müssten auch „kulturelle Entwicklungen", spezifischer „Veränderungen innerhalb dieser künstlerischen Artikulation" (B4: 91-93), also auch neue Kunstformen wie Improvisationstheater, Performance oder Animationskunst berücksichtigt werden. Auch der Einbezug von Neuen Medien wird nicht mehr ausgeschlossen, da „ viele irgendwie gar keine Lust mehr am Bleistift haben" (B1: 70; vgl. B2: 71). Gleichzeitig dürften die klassischen Kunstformen nicht aus dem Blick geraten, da viele aktuell Teilnehmende diese Zugangsformen (noch) nicht für sich akzeptieren und eher tradierten Ausdrucksformen nachgehen (vgl. B4: 91/B5: 25). Beide Bedürfnislagen sollten befriedigt und die Teilnehmenden darüber hinaus auch für die jeweils anderen Zugänge sensibilisiert werden (vgl. B5: 29).

---

21 Vgl. Unterkategorie „Kulturelle Bildung im Kontext des Demographischen Wandels"

Auch die von den Befragten als Boom identifizierte Entwicklung von Sommerakademien – „momentan sprießen diese Sommerakademien ja so ein bisschen aus dem Boden" (B1: 65) mit „diesen vielen, vielen Angeboten, die da überall sprießen" (B2: 31) – wird als Herausforderung wahrgenommen. So stellt sich bei vielen Veranstaltungen die Frage der Qualität in der Lehre und der Professionalität seitens der Kursleitenden, die nicht immer gegeben sei – „da fehlt einfach ein ja eine fachliche Kompetenz darunter" (B2: 31).[22] So sei es notwendig, eine Abgrenzungsmöglichkeit zur dieser aufkommenden Konkurrenz zu finden. Diese entwerfen die Befragten entlang der eigenen Professionalität – „die Werkstattleiter sind ja alle, haben ja alle einen fundierten professionellen Hintergrund" (B2: 31) – und der gezielten Auswahl weiterer Dozent/innen, die sowohl in der eigenen künstlerischen Praxis überzeugen, als auch entsprechende Lehrerfahrung vorweisen sollten (vgl. B5: 45). In diesem Zuge verweisen die Befragten auch auf den institutionellen Kontext der Marburger Sommerakademie, die sich schon durch ihre historische Verwurzelung als älteste Sommerakademie Marburgs abhebt und im Feld der Kulturellen Bildung etabliert habe (vgl. B1: 48/B4: 91/B5: 49). Dennoch sei auch hier ein entsprechendes Marketing notwendig, welches die Angebote immer wieder bewirbt, wobei dies klar als Aufgabe des Bildungsmanagements betrachtet wird, was dem Fachdienst Kultur unterliege (vgl. B1: 72).

Nicht zuletzt bewerten die Befragten auch die Entwicklungen hin zu einer stark rational handelnden Gesellschaft, in der Wissen zur wichtigsten Ressource wird und „auf Kopftätigkeit fokussierte Tätigkeiten" (B3: 93) im Vordergrund stehen, recht zwiegespalten. So sei die Gefahr groß, dass die auf einer leiblichen Ebene stattfindenden und „zweckfreien" (B4: 77) künstlerischen Auseinandersetzungen marginalisiert würden. Hinzu komme, dass auch der Alltag immer stärker durch ein straffes Zeitmanagement geprägt wird, sodass eine Work-Life-Balance immer schwieriger zu realisieren sei. In diesem Kontext wird es auch für die Sommerakademie schwieriger, Teilnehmende zu finden, die bereit sind, auch die hohen zeitlichen Ressourcen aufzubringen (vgl. B1: 68/B3: 93). Gleichzeitig verweisen die Befragten aber auch auf den weiter oben ausgeführten urmenschlichen Drang nach künstlerischer Entfaltung (vgl. B3: 93) und den Wunsch, „weg von dieser Funktionalität" einen „Freiraum" (B4: 77) zu finden, in dem diese Bedürfnisse ausgelebt werden könnten: „Und das bietet halt eine Form von Sommerakademie" (B4: 77).

---

22 Vgl. auch Unterkategorie „Intensivkurse in der angebotsarmen Zeit des Sommers"

Der/die Künstler/in als Cultural Entrepreneur

Mit Blick auf die Perspektiven, die speziell Künstler/innen durch die Sommerakademie eröffnet werden, thematisieren die Befragten auch die zum größten Teil prekären sozialen Lagen gegenwärtiger Künstler/innen. Nur wenige in den freien Künsten Arbeitende können ihren Lebensunterhalt durch eine stabile Anbindung an Galerien und den Verkauf ihrer Werke finanzieren (vgl. B1: 64/B3: 89/B5: 61). Viele Künstler/innen sind deshalb vor die Herausforderung gestellt, sich ein „zweites Standbein" (B2: 17) zu schaffen, das ihnen eine existenzielle Grundlage sichert. Dabei stellt der Bereich der Kunstvermittlung eine oft präferierte Möglichkeit dar, sich außerhalb des eigentlichen Kunstschaffens beruflich zu entfalten: „viele Kollegen haben jetzt einen zweiten Beruf, mit dem sie sozusagen ihre freie künstlerische Arbeit finanzieren und das sind oft Lehrdinge" (B5: 55). Da jedoch die Möglichkeiten zur Festanstellung in vielen Kultureinrichtungen wie Museen und Theatern begrenzt sei (vgl. B5: 61), käme auf viele Künstler/innen die Aufgabe zu, „für sich selber Strukturen (zu) schaffen (...), Vermarktungsstrukturen zu finden" (B1: 61). Die Anforderung unternehmerisch zu handeln und seine Dienstleistungen selbstständig zu bewerben, begleitet also zunehmend die Arbeit von Künstler/innen. Die Sommerakademie biete in diesem Zusammenhang eine gute Möglichkeit, sich trotz der zeitlich begrenzten Werkvertragssituation als Kursleiter/in langfristig zu etablieren und so eine weitere finanzielle Sicherung zu schaffen (vgl. B1: 40/B3: 89). Neben diesem ökonomischen Aspekt – „also wirklich dann denkt man endlich mal, aha da kriegst du das, was du leistet, bezahlt im Bereich der Kunst" (B1: 40) – zeuge eine konstante Anfrage an einer Sommerakademie aber auch von der eigenen Professionalität und Lehrqualifikation, was wiederum dabei hilft, sich als Cultural Entrepreneur zu etablieren (vgl. B1: 64/B3: 21). Auch innerhalb der Sommerakademie gäbe es die Möglichkeit – zum Beispiel als künstlerische Leitung der Bereiche Bildende oder Darstellende Kunst – weiter in den Bereich des Bildungsprozessmanagements einzusteigen und insbesondere bei der Gesamt-Programmplanung mitwirken zu können (vgl. B5: 63). Aufgrund der Begrenzung dieser Stellen, ist dies für die meisten Befragten allerdings keine Option: „das ist ein Mal im Jahr die Sommerakademie, drei Wochen und dann ist es weg" (B1: 34). Vielmehr stellt die Sommerakademie eine jährliche Möglichkeit der Professionalisierung dar, die für die Profilierung im Feld der Kulturellen Bildung fruchtbar gemacht werden könne (vgl. B2: 17).

6.6 Beantwortung der Forschungsfrage in empirischer Hinsicht

Im Folgenden werden die Ausführungen zu der durchgeführten qualitativen Inhaltsanalyse zusammengefasst, um die leitende Forschungsfrage empirisch gestützt zu beantworten: Welche Potenziale und Herausforderungen bietet die Veranstaltungsform Sommerakademie im Kontext der Kulturellen Bildung für die Kursleiter/innen, um der Rolle des Initiators und Begleiters kultureller Bildungsprozesse gerecht zu werden?

Zunächst zeigen sich gewisse *Rahmenbedingungen der Kulturellen Bildung* als wichtige Einflussfaktoren für das Handeln der Kursleitenden, indem sich diese als Spannungsfelder für die Sommerakademie offenbaren. So sind die Kursleitenden in Folge des *demographischen Wandels* mit einer alternden Teilnehmerschaft konfrontiert, die zunächst sehr positiv bewertet wird. Diese verfüge nämlich über die erforderlichen zeitlichen, finanziellen als auch körperlichen Teilnahmebedingungen. Darüber hinaus lassen das im Alter steigende Bedürfnis nach künstlerisch-kultureller Entfaltung und die immer länger währende Ruhephase nach dem Erwerbsleben ältere Menschen zu einer wichtigen Zielgruppe werden. Gleichzeitig seien deren Ressourcen aber auch begrenzt oder gefährdet – z.B. durch die Ungewissheit bei der zukünftigen Sicherung der Altersversorgung – sodass die Gefahr eines baldigen Fernbleibens der gegenwärtigen Generation zu der Herausforderung führt, auch jüngere Teilnehmende (Schüler/innen, Student/innen und Erwerbstätige) zu akquirieren. Dies wird jedoch durch zunehmend *ökonomisch geprägte Perspektiven auf Bildung* erschwert. Die allgemein sinkenden staatlichen Zuschüsse, denen Kulturelle Bildung ausgesetzt ist, konfrontieren die Kursleitenden mit der Herausforderung, ihre Angebote stärker unter dem Aspekt der Wirtschaftlichkeit konzipieren zu müssen. Die Forderung nach einer hohen Effizienz der Bildungsangebote, die mit der Notwendigkeit hoher Teilnehmerbeiträge zusammenhängt, wird als Widerspruch zur Idee, kulturelle Teilhabe flächendeckend zu ermöglichen, wahrgenommen. Insgesamt zeigt sich in diesem Kontext eine auffallende Diskrepanz, die sich zwischen der *bildungspolitischen Förderung Kultureller Bildung und deren gleichzeitiger Marginalisierung* auftut. So erfahre der positive öffentliche Bedeutungszuspruch an Kultureller Bildung insbesondere auf Länder- und Bundesebene nicht die entsprechende praktische Umsetzung. Eine kommunale Unterstützung, wie sie in Marburg gegeben ist, wird deshalb besonders wertgeschätzt und als organisatorische Idealform bewertet. Sie erschließt die Möglichkeit die Teilnehmerbeiträge soweit zu senken, dass auch weniger finanzkräftige Interessierte erreicht und so dem Auftrag, kulturelle Teilhabe zu ermöglichen, zumindest auf breiter Ebene nachgekommen werden kann.

Mit stärkerem Bezug zu der konkreten Veranstaltungsform Sommerakademie wurden insbesondere der Ordnungsrahmen und die daraus resultierenden *Charakteristika der Veranstaltungsform* als prägende Momente für das Handeln der Kursleitenden wahrgenommen. Die Möglichkeit über *Intensivkurse die angebotsarme Zeit des Sommers* zu überbrücken, macht die Sommerakademie in Zusammenhang mit einem zunehmenden *Bedürfnis, seinen Urlaub aktiv und sinnerlebend, aber komprimiert zu gestalten*, zu einem attraktiven Angebot. Die Veranstaltungsform erfährt deshalb einen wachsenden Boom, was trotz dieser angebotsarmen Zeit eine Konkurrenzsituation hervorruft, in der sich die einzelnen Akademien profilieren müssen. Das geschieht vor allem durch den Verweis auf die Qualität der Lehre und der Professionalität der Lehrenden. An diese ist wiederum die Aufgabe gestellt, mit den Anforderungen solcher Intensivkurse umzugehen. Die geforderte hohe Eigenaktivität und Selbstständigkeit der Teilnehmenden müsse in angemessener Weise begleitet und unterstützt werden, damit die Bedürfnislagen befriedigt werden und zur wiederholten Teilnahme motiviert wird. Dies setzten die Kursleitenden unter Beachtung weiterer Charakteristika um, wie der hohen *Partizipation der freiwillig Teilnehmenden*, die in möglichst jede Phase einer bedarfsdeckenden sowie bedürfnisweckenden Angebotsplanung und -durchführung einbezogen werden. Die daraus abgeleitete notwendige Planungsoffenheit seitens der Kursleitenden bedeutet auch, eine Beziehung zum Teilnehmenden herzustellen, die ein gleichberechtigtes Miteinander ermöglicht, ohne dass der Kursleitende seinen Status als Experte einbüßt. Auch die Arbeit mit der Gruppe, die als prägendes Element einer Sommerakademie mit all ihren heterogenen Erfahrungen, Bedürfnissen und Vorstellungen auftritt, wird bewusst in die Kursgestaltung einbezogen. Da der Einzelkorrekturunterricht nur begrenzt stattfinden könne, wird die *Entwicklung einer Gruppe zur Interaktionsgemeinschaft*, die untereinander in den Austausch tritt, durch gemeinsame Aktivitäten gefördert. So entstehen durch den Gruppenaustausch *multidirektionale Lernprozesse*, die konkret für die Initiierung und Begleitung der Bildungsprozesse fruchtbar gemacht werden. Die *Interdisziplinarität*, die in der Struktur der Marburger Sommerakademie angelegt sei, ermögliche es außerdem, eine gegenseitige Sensibilisierung für die Bereiche Darstellende und Bildende Kunst hervorzurufen und so die Horizonte der Teilnehmenden weiter zu öffnen.

Auch das *Selbst- und Professionsverständnis* lenkt das Handeln der Kursleiter/innen maßgeblich. Damit die Kunstvermittlung von den Teilnehmenden als authentischer Prozess wahrgenommen wird, ist es wichtig, primär als Künstler/in aufzutreten, also die *künstlerische Profession* in den Vordergrund zu rücken. Der Künstlerhabitus des Dozierenden und die Möglichkeit, an diesem durch die Lehre ein Stück weit teilzuhaben, bietet den Teilnehmenden Orientierung im eigenen Kunstschaffen. Gleichzeitig kann dabei auch mit falschen Vorstellungen vom Künstler-Leben aufgeräumt und ein Verständnis für die eigene Profession aufgebaut werden. Daran anknüpfend kommt den Künstler/innen in der Rolle der/des *Kursleitendenden eine Begleitfunktion* bei der künstlerischen Auseinandersetzung zu. Durch das Setzen eines Ordnungsrahmens, der durch die Wahl spezifischer Themen, Materialien oder Techniken erzeugt wird, soll der/die Teilnehmende beim Kunstschaffen unterstützt werden. Nicht selten entsteht dabei in Zusammenhang mit der Intensität der Sommerakademie eine enge und kontinuierliche Bindung zu den Kursleitenden. Da diese in erster Linie eine künstlerische Ausbildung vorweisen, werden die *pädagogischen Anforderungen*, die mit der Lehre verbunden sind, als spannungserzeugende Momente wahrgenommen. Gruppen zu unterrichten ist deshalb zunächst eine unbekannte Praxis, die jedoch im Zuge der Kunstvermittlung als Vermischung beider Sphären eine wichtige Aufgabe wird. Die Aneignung der geforderten Kompetenzen findet hauptsächlich über eine *aus konkreten Lehrerfahrungen erwachsenen Professionalisierung* statt, die dann auch ein intuitives Handeln im didaktischen Bereich ermögliche. Auch der kollegiale Austausch in der Sommerakademie wie auch Lehrtätigkeiten in anderen Bildungssettings stellen wichtige Möglichkeiten zur Reflektion und Verbesserung der eigenen Lehre dar.

Nicht zuletzt zeigt sich auch das *Aufgabenverständnis der Kursleitenden* als handlungsleitendes Moment. Die primäre Aufgabe, die Teilnehmenden zur Auseinandersetzung mit *kunstspezifischen Fertigkeiten, Themen und Fragen* anzuleiten, beinhalte auch die Sensibilisierung für die (teilweise langwierige) Prozesshaftigkeit künstlerischen Arbeitens. Der hohe Aufwand für die Wahrnehmung, Bearbeitung und Reflektion des Kunstschaffens wird sowohl theoretisch aufgezeigt, als auch praktisch nachvollzogen, sodass sich die Teilnehmenden als schöpferische Wesen wahrnehmen können. Dies steht in einem engen Zusammenhang mit der Förderung einer *künstlerischen Selbstständigkeit*, die sich in der Entwicklung eines individuellen Duktus und der Fähigkeit, einen künstlerischen Schaffensprozess unabhängig vom Kursleitenden eigenständig initiieren und ausführen zu können, ausdrückt. Insbesondere die zeitliche Strukturierung der Sommerakademie, die eine intensive Auseinandersetzung zulässt, sowie die Möglichkeit des multidirektionalen Lernens helfen den Kursleitenden diesen Aufgaben nachzugehen. Letztendlich spielt auch das übergeordnete Ziel *nachhaltig zur kulturellen Teilhabe zu befähigen* eine weitere Rolle im Aufgabenverständnis der Kursleitenden. Die Partizipation am kulturellen Geschehen wird zum einen durch die Stärkung bereits vorhandener Interessen gefördert, als auch durch die interdisziplinären Strukturen der Veranstaltungsform erweitert, sofern diese durch die Kursleitenden aktiv in das Kursgeschehen eingebunden werden (z.B. über gemeinsame Veranstaltungen). Das Ziel, dass der/die Teilnehmende sich selbst als Teil der kulturellen Genese wahrnimmt, wird aber auch von einer klaren *Abgrenzung zum professionellen Künstler* begleitet. Der Gefahr der Selbstüberschätzung und damit Geringschätzung professioneller Kunst als negative Folge einer entstehenden künstlerischen Selbstständigkeit des Teilnehmenden kann durch hohe Anforderungen und der Intensität in der künstlerischen Arbeit entgegengewirkt werden.

Im Kontext dieser Ausführungen ergibt sich für die Sommerakademie zum einen die aus den *gesellschaftlichen Entwicklungen resultierende Herausforderung* der Teilnehmerakquise, die unter anderem über eine weiterhin starke Bedürfnis- und Nachfrageorientierung sowie dem Einbezug künstlerisch-kultureller Trends und einem ausgefeilten Bildungsmarketing erfolgen muss. Für die Kunstvermittler/innen selbst bedeutet diese Veranstaltungsform eine zusätzliche Sicherung der eigenen sozialen Lage und die Möglichkeit, sich als *Cultural Entrepreneur* im Feld der Kulturellen Bildung zu professionalisieren und zu profilieren.

7 Fazit und Ausblick

In diesem letzten Kapitel der vorliegenden Arbeit werden die empirischen Ergebnisse an die zugrunde gelegten theoretischen Ausführungen zurückgebunden, um zu einem abschließenden Fazit zu gelangen. Dabei wird auch die Frage reflektiert, ob das methodische Vorgehen im empirischen Teil die Forschungsfrage zielführend beantworten konnte. Zuletzt sollen weitere sich anschließende Fragestellungen und Themen identifiziert werden.

Der Blick auf die historischen Konzepte Kultureller Bildung und ihrer Entwicklung hin zum aktuellen bildungspolitischen Diskurs konnte zeigen, dass die Ermöglichung kultureller Teilhabe als primäres Ziel Kultureller Bildung aufgefasst wird. Dies spiegelt sich auch in den Auffassungen der Befragten wieder, die mit Verweis auf das urmenschliche Bedürfnis nach künstlerischer Entfaltung auf die Notwendigkeit aufmerksam machen, flächendeckend entsprechende Bildungsangebote zu schaffen. Insbesondere die Ausführungen Friedrich Schillers, der die Ästhetische Erziehung und die darüber stattfindende Erfahrung von Freiheit als Mittel der Demokratisierung auffasst, finden (unbewusst) eine Rezeption in den empirischen Ergebnissen. Dabei verweisen die Befragten auf mögliche gesellschaftliche Transferwirkungen künstlerischer Bildung und den über die Zweckfreiheit des Kunstschaffens und dem Ausbruch aus der Funktionalität des Alltags erlebten Freiraum.

Die aktuellen bildungspolitischen Zuschreibungen zu Kultureller Bildung, die besonders durch den Schlussbericht der Enquete-Kommission 2007 und die darin enthaltenen Handlungsempfehlungen zur stärkeren gesellschaftlichen Positionierung Kultureller Bildung befördert wurden, werden von den Befragten zwar wahrgenommen, aber in Hinblick auf eine zunehmend ökonomische Perspektive auf Bildung als Wiederspruch diskutiert. Die sinkenden staatlichen Zuschüsse und die Forderung nach einer hohen Effizienz der Bildungsangebote prägen die Ausführungen der Befragten, die deshalb die kommunale Förderung Kultureller Bildung als wichtige Gelingensbedingung hervorheben. Auch in den theoretischen und statistischen Ausführungen zur strukturellen Rahmung Kultureller Bildung wurde die überwiegende Förderung der klassischen Kulturbereiche durch die Gemeinden aufgezeigt, die damit eine wichtige Rolle bei der finanziellen, aber auch räumlichen Ermöglichung Kultureller Teilhabe spielen. So verweisen die Befragten in ihrem speziellen Fall mehrfach auf die Unterstützung durch den Fachdienst Kultur der Stadt Marburg, der das Ausschöpfen der Potenziale der Sommerakademie erst ermögliche.

Die Charakteristika dieser Veranstaltungsform, welche mit Blick auf die Potenziale und Herausforderungen für die Kulturelle Bildung Thema der Arbeit ist, zeigen sich im empirischen Teil als für die Kursleitenden dominantes handlungsleitendes Moment. Der theoretische Blick auf Veranstaltungsformen in der Kulturellen Bildung hat gezeigt, dass diese in ihrem organisationalen Rahmen einen wichtigen Orientierungspunkt für die Kursleitenden liefern. Zwar ist die Planungsoffenheit ein unbedingtes Prinzip im Handeln der Kursleitenden, was diese im empirischen Teil auch mehrfach betonen, dennoch hält die zeitliche und räumliche Strukturierung, wie sie Tietgens (1981) als Unterscheidungsdimensionen diskutiert, Möglichkeiten und Grenzen in der konkreten methodischen Planung und Durchführung bereit. In den empirischen Ergebnissen zeigen sich die zeitliche Verortung in der angebotsarmen Zeit des Sommers und die Ganztätigkeit der Werkstätten, die bis zu drei Wochen laufen, als wichtige handlungsleitende Merkmale. Die Befragten betonen die unbedingte Bereitschaft der Teilnehmenden zur aktiven Mitarbeit, damit die im Organisationsrahmen angelegte Intensität in der künstlerischen Auseinandersetzung zur Entfaltung kommen könne. Sie betonen hier ihre Funktion als Initiator und Begleiter dieser Prozesse und distanzieren sich damit von einem klassischen Frontalunterricht. Die Förderung der Eigenaktivität seitens der Teilnehmenden steht damit im Zentrum des Kursleiterhandelns.

Auffallend ist zudem, dass die durch die Befragten darüber hinaus ausgemachten Charakteristika vielen der im Kontext des theoretischen Blicks auf das professionelle Handeln von Kunstvermittler/innen erläuterten Handlungsmaximen entsprechen. Insbesondere die Prinzipien der Freiwilligkeit und Partizipation sowie der Erfahrung der Selbstwirksamkeit spiegeln sich bei der Beschreibung der freiwillig Teilnehmenden als aktive Mitgestalter des Kursgeschehen wieder, deren heterogene Bedürfnislagen im Sinne einer Ganzheitlichkeit der Zugangsmöglichkeiten berücksichtigt werden müssen. Auch die Handlungsmaxime des selbstgesteuerten Lernens in der Gruppe finden sich in den Ausführungen der Befragten zum Umgang mit Gruppen wieder, die als Interaktionsgemeinschaften bewusst in die Lernprozesse einbezogen werden, sodass Lernen auch multidirektional stattfinden kann.

Auch die in den empirischen Ergebnissen ausgeführten, ebenfalls handlungsstrukturierenden Rollenverständnisse und Vorstellungen zur Professionalisierung im Bereich der Kunstvermittlung, lassen sich auf verschiedene Aspekte in den entsprechenden theoretischen Überlegungen rückbinden. Vor allem der von Braun und Schorn (2012) als Gelingensbedingung von Kunstvermittlung beschriebene Einbezug von Künstler/innen und ihrem berufsbedingten Kunst-

Fazit und Ausblick

schaffen wird von den Befragten sogar als unabdingbar für eine authentische Vermittlungsarbeit bewertet. In diesem Zusammenhang zeigen die empirischen Ergebnisse auch, dass die Kursleitenden es als ihre Aufgabe betrachten, für die Bedeutsamkeit und die Besonderheiten spezifisch künstlerischer Professionen zu sensibilisieren. Dies wurde beispielsweise durch Mandel (2005a) vielmehr auf die Kunstvermittlung bezogen und weniger auf den/die Künstler/in selbst. Weiterhin wird durch die Befragten auch die vor allem durch Stang (2010) betonte Begleitfunktion der Kursleitenden bestätigt, indem unter anderem auf das Ziel verwiesen wird, die künstlerische Selbstständigkeit des/der Teilnehmer/in zu fördern und eben keine Abhängigkeit zu dem/der Kursleiter/in entstehen zu lassen. Die Zusammenführung beider Dimensionen wird in der theoretischen Auseinandersetzung als oftmals spannungsgeladen bezeichnet, was die Befragten in ähnlicher Weise wahrnehmen. Insbesondere der Umgang mit Gruppen wird von den sonst als Solisten arbeitenden freischaffenden Künstler/innen als Herausforderung empfunden, was aber durch eine klare Abgrenzung zu psychologischen und therapeutischen Ansätzen und der Konzentration auf die künstlerische Vermittlung aufgelöst wird. Zudem findet auch bezüglich der geforderten pädagogischen Kompetenzen eine Professionalisierung statt, die die Befragten als eine aus den Erfahrungen der eigenen Ausbildungszeit und eigenen Lehrtätigkeiten gewachsene schildern. Diese ermögliche es dann unter anderem, auch auf unerwartete Situationen intuitiv reagieren zu können. Dies wurde in der theoretischen Annäherung in Bezug auf den Umgang mit Nicht-Wissen als Teil des professionellen Handelns und der dafür notwendigen Orientierung an den genannten Handlungsmaximen thematisiert.

Nicht zuletzt spiegelt sich die durch Hagoort (2003) und Mandel (2005b) für Kunstvermittler/innen prognostizierte Erfordernis, sich langfristig zum sogenannten „cultural entrepreneur" zu entwickeln, in den Ausführungen der Befragten wieder, die im Zuge der teilweise prekären sozialen Lagen gegenwärtiger Künstler/innen die Selbstvermarktung und den Aufbau eines zweiten Standbeins als zunehmend wichtiger werdenden Bestandteil ihrer Arbeit beschreiben.

Ziel der Arbeit war es, eine explorative Annäherung an die Potenziale und Herausforderungen zu finden, die die Veranstaltungsform Sommerakademie für die Kursleitenden bereit hält, um ihrer Rolle als Initiator und Begleiter von (Selbst-) Bildungsprozessen gerecht zu werden, da hier deutliche Literatur- und Forschungsdefizite vorliegen. Da jedoch das übergeordnete Thema „Kulturelle Bildung" bereits in vielen Aspekten tiefergehend beleuchtet ist und somit einen theoretischen Rahmen liefern konnte, fiel die Wahl zum einen auf die Erhebung durch leitfadengestützte Expert/innen-Interviews. Durch diese konnten die ausgemachten Themenfelder berücksichtigt werden, ohne dass die Möglichkeit beschnitten wurde, relevanten unerwarteten Informationen Platz zu geben. Die anschließende qualitative inhaltsanalytische Auswertung der Daten erwies sich insofern als zielführend, als dass die theoretischen Vorüberlegungen in strukturierender Weise umfassend inhaltlich vertieft und ergänzt werden konnten.

Mit Blick auf die Ergebnisse der vorliegenden Arbeit können aber auch weitere sich anschließende Themen und Fragen ausgemacht werden. So könnte insbesondere mit Blick auf die Entwicklungsperspektiven von Künstler/innen in Sommerakademien, die sich eben zunehmend als cultural entrepreneur aufstellen müssen, in weiterführenden Arbeiten ein vertiefender Blick auf das Handeln der Kursleiter/innen sehr ertragreich sein. Dabei kann es zielführend sein, die zugrunde liegenden handlungsleitenden Orientierungsrahmen zu rekonstruieren, die den Befragten oft gar nicht mehr reflexiv zugänglich sind, weil sie habitualisiert wurden und daher selbstverständlich erscheinen. Die Dokumentarische Methode würde hier ein geeignetes Auswertungsverfahren darstellen, was jedoch eine stärker narrativ angelegte Interviewführung voraussetzen würde (vgl. Bohnsack; Nentwig-Gesemann; Nohl 2013: 12f.). Das gewählte qualitativ inhaltsanalytische Vorgehen hat diesbezüglich seine klaren Grenzen und ist eher für eine umfassende, strukturierende Annäherung an das Thema geeignet, was bezogen auf das zugrunde gelegte Erkenntnisinteresse erfolgen konnte.

8 Literatur

Bennewitz, Hedda (2013): Entwicklungslinien und Situationen des qualitativen Forschungsansatzes in der Erziehungswissenschaft. In: Friebertshäuser, Barbara; Langer, Antje; Prengel, Annedore (Hrsg.): Handbuch qualitative Forschungsmethoden in der Erziehungswissenschaft. Beltz Juventa: Weinheim, S. 43-59

Bilger, Frauke; Gnahs, Dieter; Hartmann, Josef; Kuper, Harm (2013): Weiterbildungsverhalten in Deutschland: Resultate des Adult Education Survey 2012. Bertelsmann Verlag: Bielefeld

Bohnsack, Ralf; Nentwig-Gesemann, Iris; Nohl, Arnd-Michael (2013): Einleitung: Die dokumentarische Methode und ihre Forschungspraxis. In: Dies. (Hrsg.): Die dokumentarische Methode und ihre Forschungspraxis. Grundlagen qualitativer Sozialforschung. Springer Verlag: Wiesbaden, S. 9-32

Bolwin, Rolf (2012): Theater als Ort Kultureller Bildung. In: Bockhorst, Hildegard (Hrsg.): Handbuch Kulturelle Bildung. Kopaed Verlag: München, S. 622-627

Braun, Tom; Schorn, Brigitte (2012): Ästhetisch-kulturelles Lernen und kulturpädagogische Bildungspraxis. In: Bockhorst, Hildegard (Hrsg.): Handbuch Kulturelle Bildung. Kopaed Verlag: München, S. 128-134

Deutsches Institut für Erwachsenenbildung (2014): Trends der Weiterbildung. DIE-Trendanalyse 2014. Bertelsmann Verlag: Bielefeld

Dewey, John (1964): Demokratie und Erziehung. Eine Einführung in die philosophische Pädagogik. Georg Westermann Verlag: Braunschweig

Dewey, John (1980): Kunst als Erfahrung. Suhrkamp: Frankfurt am Main

Dietrich, Cornelie; Krinninger, Dominik; Schubert, Volker (2012): Einführung in die Ästhetische Bildung. Beltz Juventa: Weinheim und Basel

Dresing, Thorsten; Pehl, Thorsten (2011): Praxisbuch Transkription. Regelsysteme, Software und praktische Anleitungen für qualitative ForscherInnen. 2. Aufl. Marburg

Emert, Karl (2012): Demographischer Wandel und Kulturelle Bildung in Deutschland. In: Bockhorst, Hildegard (Hrsg.): Handbuch Kulturelle Bildung. Kopaed Verlag: München, S. 237-240

Fachzeitschrift Weiterbildung: Zeitschrift für Grundlagen, Praxis und Trends. 4/2009

Fink, Tobias; Hill, Burkhard; Reinwand, Vanessa-Isabelle; Wenzlik, Alexander (2012): Begrifflich, empirisch, künstlerisch: Forschung im Feld der Kulturellen Bildung. In: Fink, Tobias et al. (Hrsg.): Die Kunst, über Kulturelle Bildung zu forschen. Theorie- und Forschungsansätze. Kopaed Verlag: München, S. 9-19

Fleischle-Braun, Claudia (2012): Tanz und Kulturelle Bildung. In: Bockhorst, Hildegard (Hrsg.): Handbuch Kulturelle Bildung. Kopaed Verlag: München, S. 582-588

Flick, Uwe (2014): Sozialforschung. Methoden und Anwendungen. Ein Überblick für die BA-Studiengänge. Rowohlt Verlag: Reinbek bei Hamburg

Friebertshäuser, Barbara; Langer, Antje (2013): Interviewformen und Interviewpraxis. In: Friebertshäuser, Barbara; Langer, Antje; Prengel, Annedore (Hrsg.): Handbuch qualitative Forschungsmethoden in der Erziehungswissenschaft. Beltz Juventa: Weinheim, S. 437-455

Fuchs, Max (2007): Was ist kulturelle Bildung? Wege zur Begriffsklärung. In: Politik und Kultur – Zeitung des Deutschen Kulturrates. Nr. 06/07 Nov.-Dez. 2007, S. 10-11

Fuchs, Max (2009): Kulturelle Bildung – Eine Bestandsaufnahme. In: Bäßler, Kristin; Fuchs, Max; Schulz, Gabriele (Hrsg.): Kulturelle Bildung: Aufgaben im Wandel. Deutscher Kulturrat: Berlin. S. 7-26

Gläser, Jochen; Laudel, Grit (2010): Experteninterviews und qualitative Inhaltsanalyse als Instrumente rekonstruierender Untersuchungen. 4. Aufl. Springer Verlag: Wiesbaden

Haagort, Giep (2003): Art Management. Entrepreneurial Style. Eburon Publishers: Postbus

Held, Jutta (2007): Grundzüge der Kunstwissenschaft. Gegenstandsbereiche – Institutionen – Problemfelder. Böhlau Verlag: Köln u.a.

Jahn, Johannes (1995): Wörterbuch der Kunst. Kröner: Stuttgart

Kade, Jochen (1989): Universalisierung und Individualisierung der Erwachsenenbildung. Über den Wandel eines pädagogischen Arbeitsfeldes im Kontext gesellschaftlicher Modernisierung. In: Zeitschrift für Pädagogik, Jg. 35, Heft 6, S. 789-808

Klepacki, Leopold; Zirfas, Jörg (2012): Die Geschichte der Ästhetischen Bildung. In: Bockhorst, Hildegard (Hrsg.): Handbuch Kulturelle Bildung. Kopaed Verlag: München, S. 68-77

Klepacki, Leopold (2012): Warum eigentlich Kulturelle Bildung? Reflexive Ansätze zu einer disziplinären Selbstvergewisserung aus geisteswissenschaftlicher Perspektive. In: Fink, Tobias et al. (Hrsg.): Die Kunst, über Kulturelle Bildung zu forschen. Theorie- und Forschungsansätze. Kopaed Verlag: München, S. 23-35

Keuchel, Susanne; Wiesand, Andreas Johannes (2008): Das KulturBarometer 50+. „Zwischen Bach und Blues..." Ergebnisse einer Bevölkerungsumfrage. ARCult Media: Bonn

Kuckartz, Udo (2014a): Mixed Methods. Methodologie, Forschungsdesigns und Analyseverfahren. Springer Verlag: Wiesbaden

Kuckartz, Udo (2014b): Qualitative Inhaltsanalyse. Methoden, Praxis, Computerunterstützung. 2 Aufl. Beltz Juventa: Weinheim und Basel

Liebau, Eckart (2012): Anthropologische Grundlagen. In: Bockhorst, Hildegard (Hrsg.): Handbuch Kulturelle Bildung. Kopaed Verlag: München, S. 29-35

Mandel, Birgit (Hrsg.) (2005a): Kulturvermittlung zwischen kultureller Bildung und Kulturmarketing. Eine Profession mit Zukunft. Transcript Verlag: Bielefeld

Mandel, Birgit (2005b): Kulturvermittlung. Zwischen kultureller Bildung und Kulturmarketing. In: Dies. (Hrsg.): Kulturvermittlung zwischen kultureller Bildung und Kulturmarketing. Eine Profession mit Zukunft. Transcript Verlag: Bielefeld, S. 12-21

Mandel, Birgit (2008): Kulturvermittlung als Schlüsselfunktion auf dem Weg in eine Kulturgesellschaft. In: Dies. (Hrsg.): Audience Development, Kulturmanagement, Kulturelle Bildung. Konzeptionen und Handlungsfelder der Kulturvermittlung. Kopaed Verlag: München, S. 17-72

Mayring, Philipp (2010): Qualitative Inhaltsanalyse. Grundlagen und Techniken. 11. Aufl. Beltz Verlag: Weinheim und Basel

Meuser, Michael; Nagel, Ulrike (2013): Experteninterviews – wissenssoziologische Voraussetzungen und methodische Durchführung. In: Friebertshäuser, Barbara; Langer, Antje; Prengel, Annedore (Hrsg.): Handbuch qualitative Forschungsmethoden in der Erziehungswissenschaft. Beltz Juventa: Weinheim, S. 457-471

Meyer-Drawe, Käte (1991): Leibhaftige Vernunft. Skizze einer Phänomenologie der Wahrnehmung. In: Fellsches, Josef (Hrsg.): Körperbewusstsein. Verlag Die Blaue Eule: Essen. S. 80-97

Mollenhauer, Klaus (1986): Umwege. Über Bildung, Kunst und Interaktion. Juventa Verlag: Weinheim und München

Negenborn, Heike (2003): „Umwege – Irrwege führen zum Ziel." Lernexperimente / Malen als Experiment. In: Stang, Richard et al. (Hrsg.): Kulturelle Bildung. Ein Leitfaden für Kursleiter und Dozenten. Bertelsmann Verlag: Bielefeld, S. 37-39

Nuissl, Ekkehard (2010): Empirisch forschen in der Weiterbildung. Bertelsmann Verlag: Bielefeld

Peez, Georg (2003): „Was heißt hier Hobby...?" – Laienkultur. In: Stang, Richard et al. (Hrsg.): Kulturelle Bildung. Ein Leitfaden für Kursleiter und Dozenten. Bertelsmann Verlag: Bielefeld, S. 23-24

Pfeiffer-Poensgen, Isabel (2009): Zum Bildungsauftrag der Museen. In: Kunz-Ott, Hannelore; Kudorfer, Susanne; Weber, Traudel (Hrsg.): Kulturelle Bildung im Museum. Aneignungsprozesse, Vermittlungsformen, Praxisbeispiele. Transcript Verlag: Bielefeld, S. 25-31

Reinwand, Vanessa-Isabelle (2008): „Ohne Kunst wäre das Leben ärmer". Zur biografischen Bedeutung aktiver Theater-Erfahrungen. Kopaed: München

Reinwand, Vanessa-Isabelle (2012): Künstlerische Bildung – Ästhetische Bildung – Kulturelle Bildung. In: Bockhorst, Hildegard (Hrsg.): Handbuch Kulturelle Bildung. Kopaed Verlag: München, S. 108-114

Richter-Reichenbach, Karin-Sophie (1998): Ästhetische Bildung. Grundlagen ästhetischer Erziehung. Shaker Verlag: Aachen

Rittelmeyer, Christian (2012): Die Erforschung von Transferwirkungen künstlerischer Tätigkeiten. In: Bockhorst, Hildegard (Hrsg.): Handbuch Kulturelle Bildung. Kopaed Verlag: München, S. 928-930

Roth, Michael M. (2012): Professionalisierung im Feld der Kulturellen Bildung. In: Bockhorst, Hildegard (Hrsg.): Handbuch Kulturelle Bildung. Kopaed Verlag: München, S. 840-843

Schiller, Friedrich (1960): Briefe über die Ästhetische Erziehung des Menschen. Verlag Julius Klinkhardt: Bad Heilbrunn

Schrader, Josef (2011): Struktur und Wandel der Weiterbildung. Bertelsmann Verlag: Bielefeld

Staffler, Armin (2009): Augusto Boal. Einführung. Oldib: Essen

Stang, Richard (2010): Kulturelle Bildung. In: Arnold,Rolf; Nolda, Sigrid; Nuissl, Ekkehard (Hrsg.): Wörterbuch Erwachsenenbildung. 2 Aufl. Verlag Julius Klinkhardt: Bad Heilbrunn, S. 176-177

Taube, Gerd (2012): Theater und Kulturelle Bildung. In: Bockhorst, Hildegard (Hrsg.): Handbuch Kulturelle Bildung. Kopaed Verlag: München, S. 616-621

Tietgens, Hans (1981): Angebotsplanung und -realisation. Kurseinheit 2: Veranstaltungsformen als erwachsenenpädagogischer Planungsrahmen. Hagen : Fernuniversität-Gesamthochschule

Wally, Barbara (Hrsg.) (1993): Die Ära Kokoschka. Internationale Sommerakademie für Bildende Kunst Salzburg 1953-1963. Salzburg

Wittstock, Jürgen (1994): Die Malerin Louisa Biland. In: Marburger Universitätsmuseum für Kunst und Kulturgeschichte (Hrsg.): Louisa Biland. Marburg (ohne Seitenangaben)

Zacharias, Wolfgang (2005): Kunst und Kultur bilden – und wie? Spekulationen zur Zukunft des Berufsfeldes Kulturvermittlung/Kulturpädagogik. In: Mandel, Birgit (Hrsg.) (2005a): Kulturvermittlung zwischen kultureller Bildung und Kulturmarketing. Eine Profession mit Zukunft. Transcript Verlag: Bielefeld, S. 97-108

Internetquellen

Bildungsbericht des DIPF (2012): „Bildung in Deutschland 2012. Ein indikatorengestützter Bericht mit einer Analyse zur kulturellen Bildung im Lebenslauf". URL: http://www.bildungsbericht.de/daten2012/h_web2012.pdf [Datum des letzten Zugriffs: 21.11.2014]

Bildungsurlaub (2014). URL: http://www.bildungsurlaub.de/infos_informationen-und-gesetze-nach-bundeslaendern_18.html [Datum des letzten Zugriff: 11.12.2014]

Deutscher Kulturrat (2013): Arbeitsmarkt Kultur. Zur wirtschaftlichen und sozialen Lage in Kulturberufen. URL: http://www.kulturrat.de/dokumente/studien/studie-arbeitsmarkt-kultur-2013.pdf [Datum des letzten Zugriffs: 08.12.2014]

Fuchs, Max; Schulz, Gabriele; Zimmermann, Olaf (2005): Kulturelle Bildung in der Bildungsreformdiskussion. Konzeption Kulturelle Bildung II. Herausgegeben vom Deutschen Kulturrat. URL: http://www.kulturrat.de/dokumente/studien/konzeption-kb3.pdf [Datum des letzten Zugriffs: 29.11.2014]

Institut für Strategieentwicklung (2011): Studio Berlin II: Studie zur Situation Berliner KünstlerInnen. URL: http://www.ifse.de/artikel-und-studien/einzelansicht/article/studio-berlin-ii-institut-fuer-strategieentwicklung-ifse-veroeffentlicht-studie-zur-situation-ber.html [Datum des letzten Zugriffs: 08.12.2014]

Presse- und Informationsamt der Bundesregierung (17. Juni 2014): Kulturstaatsministerin Grütters verleiht „BKM-Preis Kulturelle Bildung 2014". URL: http://www.bundesregierung.de/Con

tent/DE/Pressemitteilungen/BPA/2014/06/2014-06-17-bkm-preis-kulturelle-bildung.html [Datum des letzten Zugriffs: 06.02.2015]
Schlussbericht der Enquete-Kommission Kultur in Deutschland (11.12.2007). URL: http://dip21.bundestag.de/dip21/btd/16/070/1607000.pdf [Datum des letzten Zugriffs: 21.11.2014]
Statistische Ämter des Bundes und der Länder (2012): Kulturfinanzbericht 2012. URL: https://www.destatis.de/DE/Publikationen/Thematisch/BildungForschungKultur/Kultur/Kulturfinanzbericht1023002129004.pdf?__blob=publicationFile [Datum des letzten Zugriffs: 22.11.2014]
Studienstiftung des Deutschen Volkes (2014): Bildungsveranstaltungen/Akademien. URL: http://www.studienstiftung.de/sommerakademien.html [Datum des letzten Zugriffs: 11.12.2014]
Universitätsstadt Marburg (2014a): Fachbereiche und Fachdienste der Verwaltung: Fachbereich 2 – Schule, Bildung, Kultur, Freizeit. URL: http://www.marburg.de/de/14451 [Datum des letzten Zugriffs: 11.12.2014]
Universitätsstadt Marburg (2014b): Fachdienst Kultur: Marburger Sommerakademie. URL: http://www.marburg.de/de/13722 [Datum des letzten Zugriffs: 11.12.2014]
Universitätsstadt Marburg (2014c): Aktuelle Nachrichten und Presseinformationen: Marburger Sommerakademie gestartet – 260 Teilnehmer kommen zu Kunst-Kursen in die Universitätsstadt. URL: http://www.marburg.de/de/136330 [Datum des letzten Zugriffs: 11.12.2014]
Zacharias, Wolfgang (2008): Zur aktuellen Prominenz und Problematik Kulturell-Künstlerischer Bildung. Eine Collage zur Lage (un)vorhersehbarer und (un)abwägbarer Chancen und Risiken. In: Impulse. Kunstdidaktik, von Rolf Niehoff. URL: http://fachtagung2012.bkj.de/referentinnen/zacharias-wolfgang.html [Datum des letzten Zugriffs: 19.06.2015]

Sonstige Quellen

ART, Das Kunstmagazin (1993): Sonderheft ArtPlus Kunstferien. 06/1993
ART, Das Kunstmagazin (2014): Sonderheft ArtPlus Kunstferien. 02/2014
Fachdienst Kultur der Universitätsstadt Marburg (2014): Programmheft für die 37. Marburger Sommerakademie für Darstellende und Bildende Kunst. Vom 03.08.-22.08.2014. Marburg

9 Anhang

9.1 Leitfaden für die Expert/innen-Interviews

Nach dem Prinzip der informierten EinwilligungF erfolgten vor dem Einstieg in das Interview die Vorstellung der Interviewenden, Erläuterungen zur Thematik und Ziel der Untersuchung und zum Interviewablauf sowie Hinweise zum Datenschutz und der Anonymisierung des erhobenen Materials.

Themen/ Erkenntnisinteresse	Fragen
Berufsbiographischer Kontext	
Bezug zur Sommerakademie Marburg und Motivation	Wie sind Sie denn auf die Sommerakademie Marburg aufmerksam geworden und wie kam es zu dem Entschluss, dort selber als Dozent/in aktiv zu werden?
Akteursperspektive	
Rollenbeschreibung, Selbstbild	Wie würden Sie selbst Ihre Rolle als Kursleiter/in beschreiben? Welche Aufgaben kommen Ihnen zu und welche Ziele verbinden Sie mit der Lehre an einer Sommerakademie?
Anforderungsprofil	Würden Sie bitte beschreiben, welche (besonderen) Anforderungen an Sie als Kursleiter/in einer Sommerakademie gestellt sind? Vielleicht in Abgrenzung zu anderen Lehrsettings oder Veranstaltungsformen?
	Bedarf es denn einer besonderen Vorbereitung, wenn Sie an einer Sommerakademie lehren?
Kompetenzprofil	Gibt es denn Ihrer Meinung nach bestimmte Fähig- oder Fertigkeiten, die ein/e Kursleiter/in einer Sommerakademie mitbringen muss? Welche Rolle spielen neben der fachlichen auch didaktische oder soziale Kompetenzen, etc.?
Potenziale für die Lehre an einer Sommerakademie	Können Sie besondere Potenziale einer Sommerakademie benennen, die andere Bildungssettings der Kulturellen Bildung vielleicht nicht bieten? Vielleicht auch für Sie als Kursleiter/in?

Herausforderungen für die Lehre an einer Sommerakademie	Welche Herausforderungen gehen denn mit dieser Lehrform für Sie als Kursleiter/in einher? Werden Ihnen auch Grenzen in Ihrem Handeln gesetzt?
Interdisziplinarität	Inwiefern setzen Sie sich als Künstler/in mit pädagogischen Fragestellungen oder dem Thema Weiterbildung auseinander? Sind erziehungswissenschaftliche Diskurse überhaupt ein relevanter Bezugspunkt in Ihrer Arbeit?
Kontext Kulturelle Bildung	
Bildungsverständnis	Die Marburger Sommerakademie ist ja im Bereich der Kulturellen Bildung verankert. Nun ist der Begriff Kulturelle Bildung ja vielfältigen Definitionen ausgesetzt. Was bedeutet denn für Sie Kulturelle Bildung im Kontext der Sommerakademie?
	Wirkt sich das beschriebene Bildungsverständnis auch auf ihr Handeln aus und wenn ja, inwiefern?
Umgang mit Legitimationsdruck als diskursorientierende Thematik	In den Diskursen um Kulturelle Bildung als subjektiven, innerpsychischen Lernprozess haben die Anbieter immer wieder mit Legitimationsanforderungen zu kämpfen. Die Wirksamkeit und Sinnhaltigkeit solle transparent gemacht werden. Sind auch Sie in der Sommerakademie damit konfrontiert und wie stehen Sie zu diesem Diskurs?
Die Sommerakademie als Lehr- und Lernform	
Bedeutungszuschreibungen	Welche Rolle spielen denn Sommerakademien Ihrer Meinung nach überhaupt im Feld der Kulturellen Bildung?
	Sind Sommerakademien verbreitete Lehrformen im Bereich der Kulturellen Bildung oder speziell in ihrem Tätigkeitsprofil? Oder handelt es sich eher um eine seltenere Veranstaltungsform?
Zukunftsaussichten und Perspektiven	
Entwicklung der Sommerakademien und KB	Können Sie sich vorstellen, wie sich die Sommerakademie (in Marburg speziell und im allgemeinen) entwickeln wird? Könnte diese zu einer etablierten Station in der Bildungsbiographie werden?
	Was denken Sie, wie wird sich der Stellenwert der Kulturellen Bildung entwickeln und welche Rolle können dabei Sommerakademien spielen?
	Gibt es etwas, was Sie sich als Kursleiter/in wünschen (Strukturen, Ressourcen, Fort- und Weiterbildung, Support), um weiterhin erfolgreich an einer Sommerakademie lehren zu können?
	Welche Rolle werden Sommerakademien für Akteur/innen der Kulturellen Bildung in Zukunft spielen?

9.2 Finales Kategoriensystem

Im Folgenden wird das deduktiv-induktiv entwickelte finale Kategoriensystem abgebildet.

OK 1: Rahmenbedingungen Kultureller Bildung als Spannungsfelder von Sommerakademien

UK 1.1: Kulturelle Bildung im Kontext des demographischen Wandels

UK 1.2: Kulturelle Bildung im Kontext einer Ökonomisierung von Bildung

UK 1.3: Kulturelle Bildung zwischen bildungspolitischer Förderung und Marginalisierung

OK 2: Charakteristika der Veranstaltungsform Sommerakademie

UK 2.1: Intensivkurse in der angebotsarmen Zeit des Sommers

UK 2.2: Sommerakademie als Urlaubsgestaltung und Abgrenzung vom Alltag

UK 2.3: Der Teilnehmende als freiwillige/r Partizipant/in und aktive/r Mitgestalter/in des Kursgeschehens

UK 2.4: Arbeiten in und mit der Gruppe als Interaktionsgemeinschaft

UK 2.5: Lernen als multidirektionales und interdisziplinäres Lernen

OK3: Selbstverständnis als professionelle/r Kunstvermittler/in

UK 3.1: Der/die Künstler/in als authentische Leitfigur

UK 3.2: Der/die Kursleitende als vertraute/r Begleiter/in von (Selbst)Lernprozessen

UK 3.3: Spannungsfeld zwischen künstlerischer Profession und pädagogischen Anforderungen

UK 3.4: Professionalisierung zwischen Ausbildung und Erfahrung

OK4: Aufgaben und Ziele im Kontext der Lehre an der Sommerakademie

UK 4.1: Auseinandersetzung mit kunstimmanenten Fertigkeiten, Themen und Fragen

UK 4.2: Förderung der künstlerischen Selbstständigkeit

UK 4.3: Befähigung zur nachhaltigen kulturellen Teilhabe

UK 4.4: Anerkennung schaffen für künstlerische Professionalität

OK5: Entwicklungsperspektiven von Künstler/innen in Sommerakademien
    UK 5.1: Sommerakademien im Kontext gesellschaftlicher Entwicklungen
    UK 5.2: Der/die Künstler/in als Cultural Entrepreneur

9.3 Diagramme zur Verteilung der Codehäufigkeiten nach Subkategorien

Zu Beginn der Auswertung wurde die Verteilung der zugeordneten Textstellen, den sogenannten Codings, visuell in Diagrammen festgehalten, um einen ersten Überblick zu den Schwerpunktsetzungen der Befragten erhalten zu können. Im Folgenden werden die Verteilungen der Codehäufigkeiten nach Unterkategorien dargestellt.

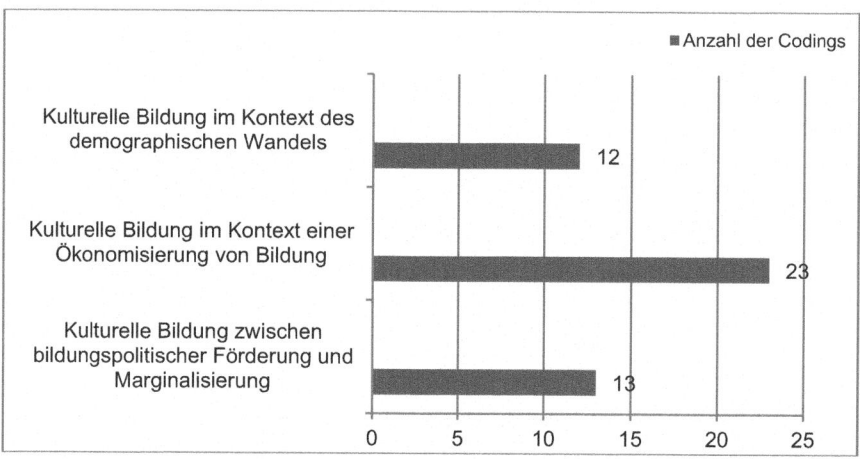

Abbildung 2:   Oberkategorie 1 „Rahmenbedingungen von Kultureller Bildung als Spannungsfelder von Sommerakademien" – Verteilung der Codehäufigkeiten nach Subkategorien (eigene Darstellung)

Diagramme zur Verteilung der Codehäufigkeiten nach Subkategorien

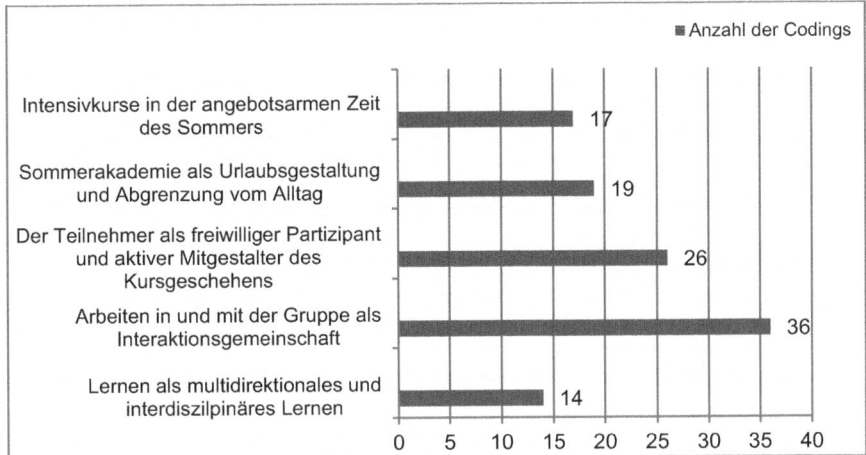

Abbildung 3: Oberkategorie 2 „Charakteristika der Veranstaltungsform Sommerakademie" – Verteilung der Codehäufigkeiten nach Subkategorien (eigene Darstellung)

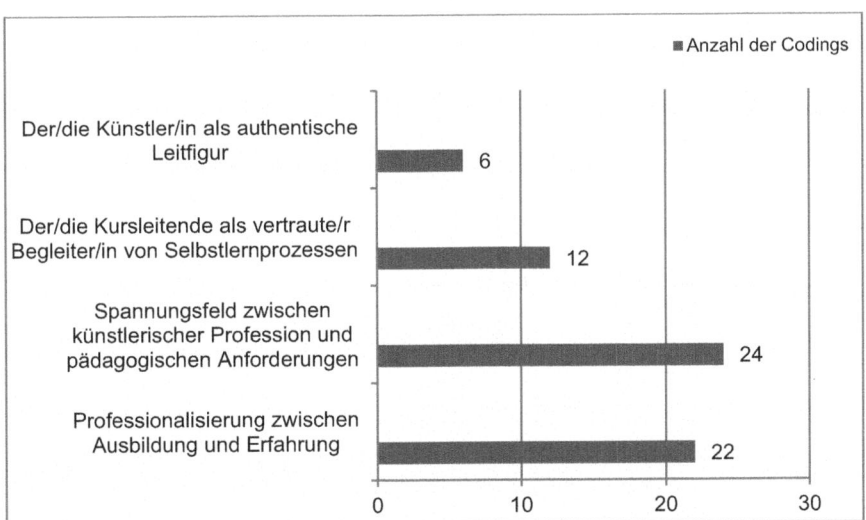

Abbildung 4: Oberkategorie 3 „Selbstverständnis als professionelle/r Kunstvermittler/in" – Verteilung der Codehäufigkeiten nach Subkategorien (eigene Darstellung)

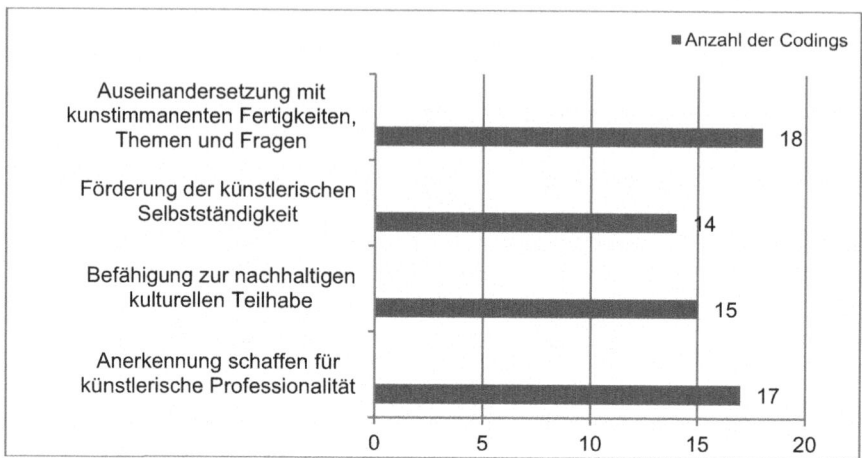

Abbildung 5: Oberkategorie 4 „Aufgaben und Ziele der Lehre" – Verteilung der Codehäufigkeiten nach Subkategorien (eigene Darstellung)

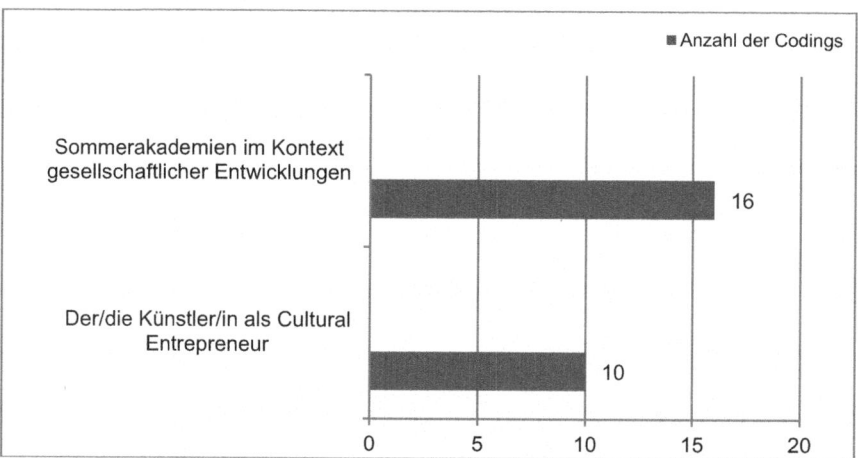

Abbildung 5: Oberkategorie 4 „Entwicklungsperspektiven von Künstler/innen in Sommerakademien" – Verteilung der Codehäufigkeiten nach Subkategorien (eigene Darstellung)

The manufacturer's authorised representative in the EU is Springer Nature Customer Service Centre GmbH, Europaplatz 3, 69115 Heidelberg, Germany. If you have any concerns regarding our products, please contact ProductSafety@springernature.com

Printed and bound by CPI Group (UK) Ltd, Croydon, CR0 4YY
23/03/2026
02076394-0004